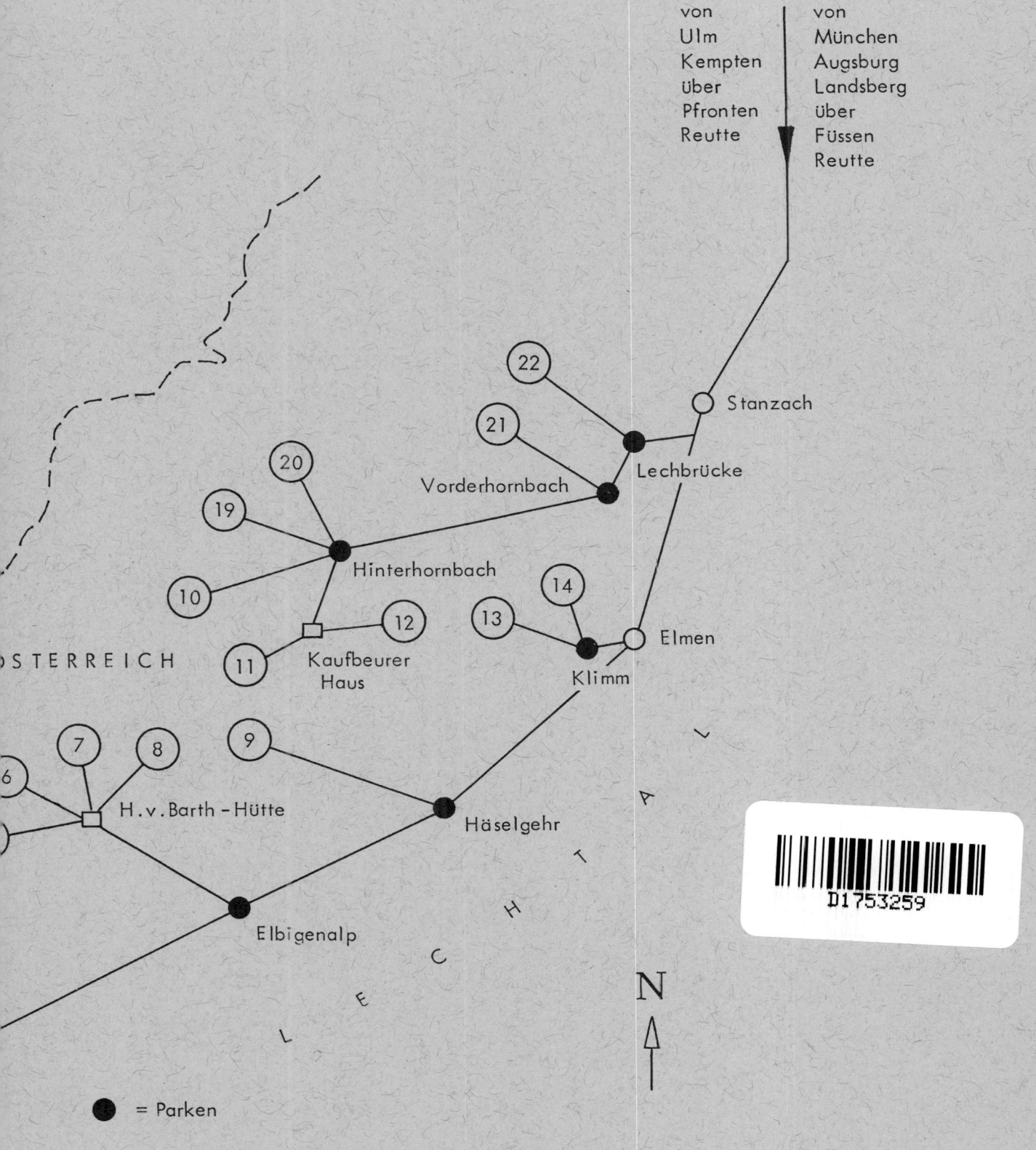

Allgäuer Alpen neu entdeckt

Günther Laudahn

Allgäuer Alpen neu entdeckt

44 nicht alltägliche Gipfel auf den günstigsten Routen

ALLGÄUER ZEITUNGSVERLAG KEMPTEN

Der Autor, Jahrgang 1921, hat sich seit vielen Jahren intensiv mit den Allgäuer Alpen befaßt und ist heute einer der besten Kenner dieses Gebirges. Seine Bücher „Bergtouren mit Pfiff" und „Allgäuer Alpen neu entdeckt" zeigen, daß es auch in unserer Zeit des Massentourismus noch stille Gipfelfreuden für den gibt, der bereit ist, seinen sorgfältig ausgewählten und beschriebenen Tourenvorschlägen zu folgen.

Die Deutsche Bibliothek – CIP-Einheitsaufnahme

Laudahn, Günther:
Allgäuer Alpen neu entdeckt : 44 nicht alltägliche Gipfel auf den günstigsten Routen / Günther Laudahn. – 1. Aufl. – Kempten : Allgäuer Zeitungsverl., 1991
  ISBN 3-88006-158-0

Copyright 1990 Allgäuer Zeitungsverlag GmbH, Kempten
1. Auflage
Sämtliche Fotos und grafischen Darstellungen vom Autor
Gesamtherstellung: Allgäuer Zeitungsverlag GmbH, Kempten

Umschlagbilder, beide von Tour 5
Vorne: Am Schafschartl auf dem Weg zur Marchspitze
Hinten: Abstieg am Westgrat der Marchspitze

Die Tourenbeschreibungen dieses Buches erfolgten nach bestem Wissen und Gewissen des Autors. Die Begehung der Touren geschieht auf eigene Gefahr. Eine Haftung kann nicht übernommen werden.

Alle Rechte der Vervielfältigung einschließlich Film, Funk und Fernsehen sowie des auszugsweisen Nachdrucks vorbehalten. Kopieren einzelner Abschnitte für den Eigenbedarf zum Mitnehmen bei der betreffenden Tour gestattet.

Vorwort

Die Allgäuer Alpen sind eins der vielseitigsten und reizvollsten Gebirge der Nördlichen Kalkalpen. Dank ihrer landschaftlichen Schönheit, ihrer verkehrsgünstigen Lage und einem weitverzweigten Wege- und Hütten-Netz sind sie gut erschlossen und viel besucht. Das gilt indessen nicht für alle Abschnitte. Ich durchstreife die Allgäuer Alpen seit langem bis in die letzten Winkel und bin dabei immer bemüht, Neues zu entdecken und verborgene Schönheiten aufzuspüren. Natürlich habe ich auch all die häufig besuchten, besonders an Wochenenden oft überlaufenen „Mode"-Gipfel bestiegen, Hochvogel, Widderstein, Biberkopf, Mädelegabel und wie sie alle heißen, durchaus lohnende Ziele, wenn man einen günstigen Tag erwischt. Aber mehr gereizt haben mich stets die einsameren Gipfel und Bergtouren abseits der üblichen Routen.

Die bebilderten Tourenbeschreibungen dieses Buches sollen Ihnen weniger bekannte Gipfelziele näherbringen. Sie sind durch maßstabgerechte Kartenskizzen und Tourenprofile mit eingetragenen mittleren Gehzeiten sowie durch Tourendaten ergänzt, die alle Informationen für eine genaue Planung enthalten. Ab wann die Touren durchgeführt werden können, hängt ganz von den Verhältnissen ab, die in jedem Jahr je nach Schneemenge des Winters und Zeitpunkt der letzten größeren Schneefälle unterschiedlich sind. Im allgemeinen wird man die Gipfel ab Anfang Juli besteigen können, auch wenn dann in den Karen und auf Nordseiten oft noch Schneereste vorhanden sind. Grödeln, die im Rucksack kaum Platz beanspruchen, wenig wiegen und wenig kosten, sind bei Frühsommer- und Spätherbsttouren sehr bewährt. Ich habe sie in den Bergen immer bei mir.

Die Touren sind, was Bergerfahrung und Kondition betrifft, mitunter anspruchsvoll. Meist bewegen sie sich im I. Schwierigkeitsgrad, bei einigen ist die Beherrschung des II. Schwierigkeitsgrades erforderlich. Bei allen Touren – die meisten verlaufen im Höhenbereich 2400 bis 2650 Meter – sind wetterfeste Kleidung und Kälteschutz sowie solide Bergschuhe mit guter Profilsohle unerläßlich. Zur empfehlenswerten Ausrüstung im Gebirge gehören auch Kompaß und Höhenmesser, die in Verbindung mit einer guten Karte des betreffenden Gebiets (Höhenlinienabstand 20 Meter) bei Wetterumschwung sehr wichtig werden können. Folgende Karten sind für die beschriebenen Touren besonders geeignet:

„Allgäuer – Lechtaler Alpen" Westblatt 2/1 und Ostblatt 2/2,
Maßstab 1:25 000 des Deutschen Alpenvereins
„Allgäuer Alpen", Maßstab 1:50 000,
herausgegeben vom Bayerischen Vermessungsamt, München.
Bei meinen Bergfahrten versuche ich häufig, mehrere Gipfel auf den Verbindungsgraten zu überschreiten. Viele Beispiele dafür finden Sie in meinem Buch „Bergtouren mit Pfiff". Das ist bei den höheren und schwierigeren Allgäuer Bergen, wenn man die Schwierigkeit auf II begrenzt, nur in einigen Fällen machbar. Doch habe ich, soweit möglich, für den Abstieg eine andere Route als für den Aufstieg gewählt, zumindest als Variante.
Selbstverständlich habe ich sämtliche Touren selbst begangen, viele mehrmals, und die Tour ㉒ im Sommer 1989, alle anderen im Sommer und Herbst 1990 noch einmal wiederholt, um korrekte Routenbeschreibungen vom aktuellen Stand sicherzustellen.
Wer sich intensiv mit den Allgäuer Alpen befaßt, stößt früher oder später unweigerlich auf Hermann von Barth, jenen kühnen Alleingeher, der 1869 weite Teile dieser Gebirgsgruppe systematisch durchstreift und erforscht hat und dabei 51 Gipfel bestieg, viele als erster oder zumindest als erster Tourist. Hermann von Barth, am 5. Juni 1845 auf Schloß Eurasburg geboren, war nicht nur der herausragende „führerlose" Bergsteiger seiner Zeit, sondern er verstand es auch, seine Touren packend und mit höchster Präzision zu beschreiben in einer Art, die in ihrer Einmaligkeit bis heute unerreicht ist. Vor allem sein großes Werk „Aus den Nördlichen Kalkalpen", das seine Gipfelbesteigungen in den Berchtesgadener Alpen 1868, in den Allgäuer Alpen 1869, im Karwendel 1870 und im Wetterstein 1871 umfaßt, bietet auch heute noch eine hochinteressante, genußreiche Lektüre. Ich habe viele seiner Touren anhand der Beschreibungen exakt nachvollziehen können, wobei heute natürlich vieles leichter und weniger anstrengend geworden ist durch ein erheblich größeres und besser ausgebautes Wegenetz, durch die damals noch nicht vorhandenen Hüttenstützpunkte, durch weitaus bessere Karten und, vor allem, durch das bequeme Erreichen der Ausgangsorte mit dem Auto. Hermann von Barth mußte die Allgäuer Alpen in mühsamem Anmarsch zu Fuß, meist von Sonthofen, wo er als Rechtspraktikant tätig war, oder von Oberstdorf aus erobern. Bei den Allgäuer Gipfeln in diesem Buch, die Hermann von

Barth 1869 bestieg, werde ich auf ihn zurückkommen. – Am 7. Dezember 1876 ist der große Erschließer und Forscher, nur 31jährig, bei einer Forschungsreise in Angola, Westafrika, ums Leben gekommen.
Und nun auf ins Gebirge! Entdecken Sie die Allgäuer Alpen neu. Dazu wünsche ich Ihnen viel Freude und gutes Gelingen.

Augsburg, im August 1991

Inhaltsverzeichnis

Schwierigkeitsbewertung 11
Bewertung der Anforderungen 12
Erläuterungen zu den Karten und Tourenprofilen 14
Die Hüttenstützpunkte 15

Peischelgruppe 26
  ① Ellbogner Spitze 28
  ② Peischelspitze und Wilder Kasten 32
  ③ Wildmahdspitze 38
  ④ Muttekopf und Rotnase 44

Hornbachkette 50
  ⑤ Marchspitze 51
  ⑥ Hermannskarturm und Hermannskarspitze 58
  ⑦ Ilfenspitzen 64
  ⑧ Plattenspitzen und Südliche Wolfebnerspitze 68
  ⑨ Wolekleskarspitze und Hintere Jungfrauspitze 74
  ⑩ Schreierkopf und Bretterkarspitze 80
  ⑪ Gliegerkarspitze und Bretterspitze 86
  ⑫ Urbeleskarspitze 94
  ⑬ Wasserfallkarspitze und Elfer 100
  ⑭ Klimmspitze 106

Allgäuer Hauptkamm 110

Rappenalpen 111
⑮ Hochrappenkopf, Rappenseekopf und Hochgundspitze 112
⑯ Rotgundspitze 118

Mädelegabelgruppe 122
⑰ Hochfrottspitze und Berge der Guten Hoffnung 123

Krottenspitzgruppe 130
⑱ Muttlerkopf, Öfnerspitze und Krottenspitze 131

Wildengruppe 136
⑲ Nördliches Höllhorn und Kleiner Wilder 137
⑳ Großer Wilder 144

Roßzahngruppe 150
㉑ Stallkarspitze und Grubachspitze 151
㉒ Kleiner und Großer Roßzahn 156

Baader Bergumrahmung 162
㉓ Höferspitze, Weißer Schrofen und Heiterberg 163

Ein besonders üppiger Pflanzenwuchs begleitet uns bei vielen Touren in den Allgäuer Alpen, hier beim Aufstieg zum Schreierkopf (Tour 10) hoch über dem Hornbachtal.

Schwierigkeitsbewertung

Für die in diesem Buch vorkommenden Schwierigkeitsgrade ist die Bewertung nach den Richtlinien der UIAA (Union International des Associations d'Alpinisme) angewendet. Sie sagen folgendes aus:

I *Geringe Schwierigkeiten.* Die einfachste Form der Felskletterei. Kein leichtes Gehgelände! Die Benutzung der Hände ist zur Unterstützung des Gleichgewichts oft schon erforderlich. Ausgesetzte Passagen verlangen Schwindelfreiheit.

II *Mäßige Schwierigkeiten.* Hier beginnt die Kletterei, die Dreipunktehalterung erfordert, das heißt, daß stets beide Füße und eine Hand oder beide Hände und ein Fuß festen Halt am Fels haben. Schwindelfreiheit unerläßlich.

III *Mittlere Schwierigkeiten.* Die Kletterei erfordert meist schon Kraftaufwand. Normalerweise wird bei Passagen dieser Schwierigkeit Seilsicherung angewendet. Geübte und erfahrene Kletterer können solche Stellen noch seilfrei gehen.

Der III. Schwierigkeitsgrad kommt bei den in diesem Buch beschriebenen Touren nur in einem Ausnahmefall vor, am Östlichen Berg der Guten Hoffnung. Dieser kann unschwierig umgangen werden. Meist, aber nicht immer, wurden die im Alpenvereinsführer genannten Schwierigkeitsgrade verwendet. Jedenfalls habe ich die Schwierigkeit stets nach meiner eigenen Erfahrung und nach vergleichender Abwägung bewertet und damit auch verschiedentlich die Bewertung im Führer korrigiert.
Die Bewertung der Schwierigkeit ist ja sehr subjektiv und individuell. Gerade in den Allgäuer Alpen mit ihrem vielerorts brüchigen, unzuverlässigen Hauptdolomit und den grasdurchsetzten steilen Kalkschrofen ist eine objektive Beurteilung schwieriger als etwa im Kaisergebirge mit seinem soliden Wettersteinkalk. Man darf die Anforderungen, die eine Bergtour an den Begeher stellt, auch keinesfalls allein nach dem Schwierigkeitsgrad bewerten. Länge der Passagen, Ausgesetztheit, Beschaffenheit des Untergrunds und die momentanen Wetterverhältnisse spielen eine entscheidende Rolle. So kann eine mit Schwierigkeitsgrad I bewertete Tour in steilen Grasschrofen durchaus anspruchsvoller sein als eine hübsche kurze IIer-Kletterei in relativ festem Fels. Auch hierzu sind bei den einzelnen Touren nötigenfalls entsprechende Hinweise gegeben.

Bewertung der Anforderungen

Die leichteren Touren

- 1 Ellbogner Spitze
- 4 Muttekopf und Rotnase
- 8 Plattenspitzen
- 10 Schreierkopf
- 11 Gliegerkarspitze Ostgipfel und Bretterspitze
- 14 Klimmspitze
- 15 Hochrappenkopf und Rappenseekopf
- 18 Muttlerkopf
- 21 Grubachspitze
- 22 Kleiner und Großer Roßzahn jeweils aus dem Großen Roßkar
- 23 Höferspitze

Touren, die etwas Übung und Kletterfertigkeit (I) erfordern

- 7 Ilfenspitzen
- 8 Südliche Wolfebnerspitze
- 10 Bretterkarspitze
- 16 Rotgundspitze

Touren, die klettermäßig leicht sind, aber Übung im weglosen Gehen und Orientierungssinn erfordern

- 20 Großer Wilder
- 21 Stallkarspitze

Die hinsichtlich Bergerfahrung und Kletterfertigkeit anspruchsvolleren Touren

- 2   Peischelspitze und Wilder Kasten
- 3   Wildmahdspitze
- 5   Marchspitze
- 6   Hermannskarturm und Hermannskarspitze
- 9   Wolekleskarspitze und Hintere Jungfrauspitze
- 11 Gliegerkarspitze Hauptgipfel
- 12 Urbeleskarspitze
- 13 Wasserfallkarspitze und Elfer
- 15 Hochgundspitze
- 17 Hochfrottspitze und Berge der Guten Hoffnung
- 18 Öfnerspitze und Krottenspitze
- 19 Nördliches Höllhorn und Kleiner Wilder
- 22 Kleiner und Großer Roßzahn (direkter Übergang)
- 23 Weißer Schrofen und Heiterberg

Besonders lange und anstrengende Touren

- 9   Wolekleskarspitze und Hintere Jungfrauspitze
- 10 Schreierkopf und Bretterkarspitze
- 11 Gliegerkarspitze und Bretterspitze
- 13 Wasserfallkarspitze und Elfer
- 19 Nördliches Höllhorn und Kleiner Wilder
- 20 Großer Wilder
- 21 Stallkarspitze und Grubachspitze

Erläuterungen zu den Karten und Tourenprofilen

Die Karten sind maßstabgerecht gezeichnet. Sie enthalten alle für die Touren wichtigen Angaben. Hinsichtlich der Routenführung gilt:

- ━ ━ ⌒ ━ Bei der Tour einschließlich der Varianten benützter markierter oder nicht markierter, jedenfalls deutlicher Weg oder Steig
- • • • • • • • Weglose Strecke mit oder ohne Trittspuren
- ─ ─ ┘ ─ ─ ─ Wege, die bei der Tour nicht benützt werden, aber im Tourenbereich liegen und gegebenenfalls eine Ausweichmöglichkeit bieten
- Ⓟ Parkplatz am Ausgangsort.

Die Tourenprofile zeigen den Höhenverlauf über der Wegstrecke. Sie sind 4fach überhöht, um die Höhenunterschiede deutlicher zu machen. Wichtige Geländepunkte sind durch Kreise, Gipfel durch Dreiecke dargestellt. Die auf Viertelstunden abgerundeten Gehzeiten gelten jeweils von Kreis zu Kreis bzw. Gipfeldreieck. Sie entsprechen mittleren Gehleistungen und enthalten kurze Verschnaufpausen, aber keine Rasten. Dies ist bei der Tourenplanung zu berücksichtigen. Man wird also den Gesamtgehzeiten 1 bis 1½ Stunden zurechnen müssen.

Die Schräge der Verbindungslinien zwischen den Punkten entspricht der mittleren Steigung, es können also örtlich steilere oder flachere Stellen vorliegen. Diese sind nur bei längeren deutlich unterschiedlichen Steigungen berücksichtigt.

Den Namen liegen die Alpenvereinskarten 2/1 und 2/2 „Allgäuer – Lechtaler Alpen" Westblatt und Ostblatt zugrunde, ebenso den Höhenangaben, sofern nicht eindeutige Unstimmigkeiten vorliegen. In solchen Fällen sind eigene Meßwerte eingesetzt.

Die Hüttenstützpunkte

Bei einigen der beschriebenen Touren in der Hornbachkette und im Allgäuer Hauptkamm ist es kaum möglich, am gleichen Tag ins Tal zurückzukehren. Hier stehen Alpenvereinshütten als Stützpunkt zur Verfügung. Die Hüttenübernachtung hat darüber hinaus den Vorteil, daß sich mehrere Touren von der Hütte aus kombinieren lassen, ohne jedesmal vom Tal erneut aufsteigen zu müssen.
Nachfolgend die wesentlichen Informationen über die in Betracht kommenden Hütten. Sie sind während der Saisonmonate besonders an Wochenenden stark besucht, so daß es ratsam ist, zumindest Gruppen – auch kleinere – anzumelden.
Die Anstiegswege sind bei den einzelnen Touren beschrieben.
Die Hütten sind durch ein gut ausgebautes Wegesystem miteinander verbunden. Der Übersichtsplan zeigt die Zugänge und Verbindungswege. Die Zahlen geben die mittleren Gehzeiten zwischen den Hütten an.

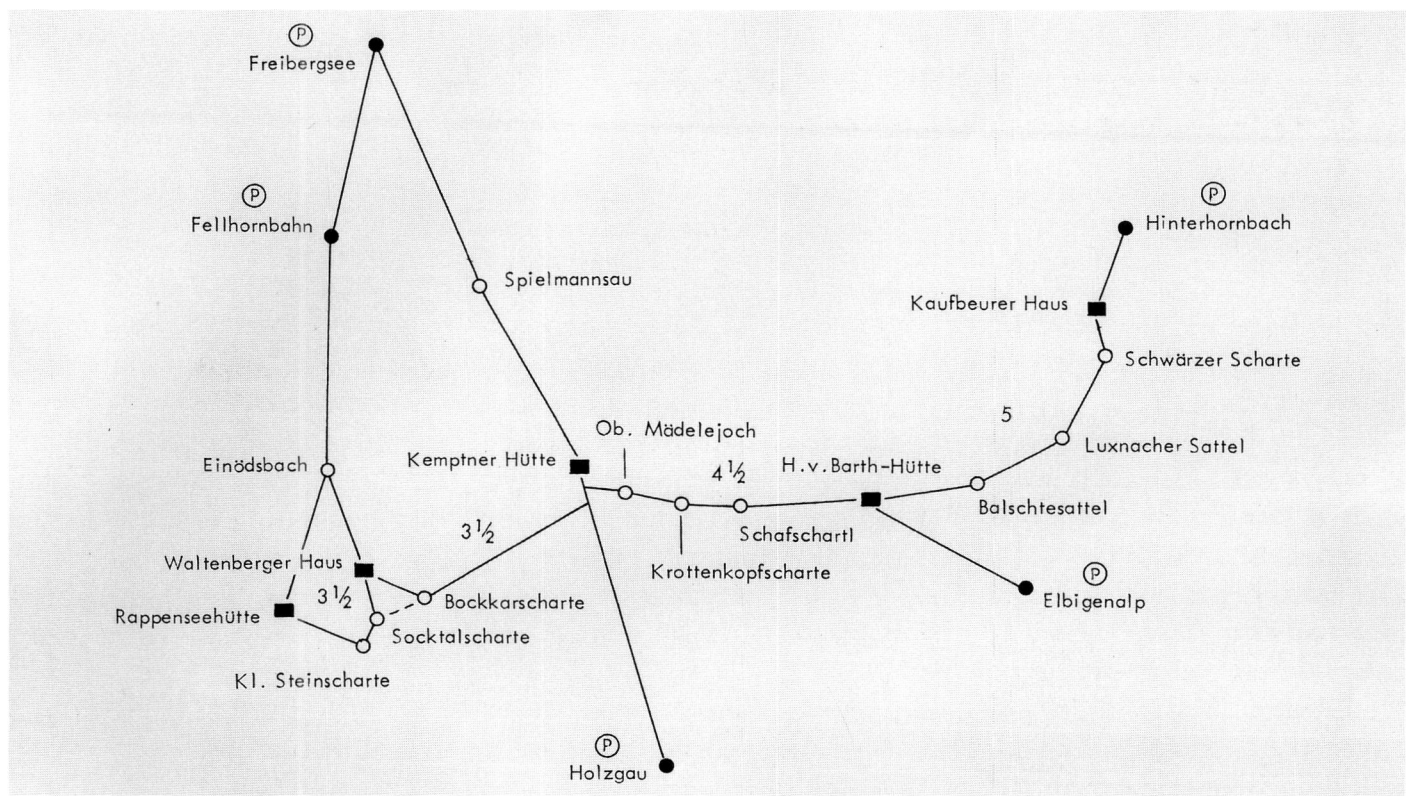

Hermann-von-Barth-Hütte − 2131 m

Die am Rand des Wolfebnerkars im Bannkreis der mächtig aufragenden Wandfluchten der Wolfebnerspitzen gelegene 1900 erbaute Hütte der Alpenvereinssektion Düsseldorf ist von Mitte Juni bis Ende September bewirtschaftet.

Hüttenwirt: Erwin Vonier, Dorfstraße 25, A-6652 Elbigenalp
Telefon Hütte: 00 43 / 56 34 / 66 71
Telefon Tal: 00 43 / 56 34 / 61 21
Übernachtung: 55 Lager
Selbstversorgerhütte: 12 Lager
Talort: Elbigenalp
Steighöhe: 1060 m
Gehzeit: 2½ bis 2¾ Stunden
Stützpunkt für Touren ⑤ ⑥ ⑦ ⑧

Die Hermann-von-Barth-Hütte vor der Kulisse der Lechtaler Alpen

Kaufbeurer Haus — 2007 m

Die aussichtsreich auf einem Absatz des Urbeleskars gelegene, 1905 erbaute Hütte der Alpenvereinssektion Allgäu-Immenstadt ist von Mitte Juni bis Mitte Oktober an den Wochenenden bewartet, sonst mit AV-Schlüssel zugänglich.

Hüttenreferentin:	Sieglinde Schmidt, Türkheimer Straße 16, 8938 Buchloe
Telefon:	Kein Telefon auf der Hütte
	Anmeldungen: 0 82 41 / 43 93 oder schriftlich bei obiger Adresse
Übernachtung:	48 Lager
Talort:	Hinterhornbach
Steighöhe:	910 m
Gehzeit:	2 bis 2¼ Stunden

Stützpunkt für Touren ⑪ ⑫

Das Kaufbeurer Haus unter den Wandabstürzen der Urbeleskarspitze

Rappenseehütte – 2092 m

Die schön oberhalb des Rappensees gelegene, 1885 erbaute und danach mehrmals vergrößerte Hütte der Alpenvereinssektion Kempten ist von Mitte Juni bis Mitte Oktober bewirtschaftet.

Hüttenwirt: Reinhard Gartenmaier
Telefon: Kein Telefon auf der Hütte
                    Anmeldungen nur schriftlich: Rappenseehütte 1, 8980 Oberstdorf
                    Falls Bestätigung erwartet, Rückporto beifügen.
Übernachtung: 42 Betten, 300 Lager
Winterraum: 32 Lager
Talort: Parkplatz Faistenoy (Talstation der Fellhornbahn) bei Oberstdorf
Steighöhe: 1200 m
Gehzeit: 4½ Stunden
Stützpunkt für Touren ⑮ ⑯

Die Rappenseehütte gegen die Schafalpen

Waltenberger Haus – 2084 m

Die am Rande des Bockkars unterhalb der Berge der Guten Hoffnung gelegene, 1875 erbaute und mehrmals erweiterte Hütte der Alpenvereinssektion Allgäu-Immenstadt ist von Mitte Juni bis Ende September bewirtschaftet.

Hüttenwirt: Gerhard Böllmann, Bahnhofstraße 2, 8963 Waltenhofen
Telefon: Kein Telefon auf der Hütte
Anmeldungen nur schriftlich: Waltenberger Haus, 8980 Oberstdorf
Falls Bestätigung erwartet, Rückporto beifügen.
Übernachtung: 10 Betten, 75 Lager
Selbstversorgerraum: 9 Lager
Talort: Parkplatz Faistenoy (Talstation der Fellhornbahn) bei Oberstdorf
Steighöhe: 1180 m
Gehzeit: 3½ Stunden
Stützpunkt für Tour ⑰

Das Waltenberger Haus mit Rotgundspitze und Linkerskopf. Über dem Schornstein der Rest des Wildmännle

Kemptner Hütte – 1844 m

Die auf der Obermädelealp gelegene, 1892 erbaute und mehrmals erweiterte Hütte der Alpenvereinssektion Kempten ist von Mitte Juni bis Mitte Oktober bewirtschaftet. Durch ihre Lage unweit der Kammhöhe ist sie von Süden aus dem Lechtal rascher erreichbar als aus dem Oberstdorfer Raum.

Hüttenwirt:	Ernst Wagner, Grüntenstraße 16, 8968 Durach
Telefon:	Kein Telefon auf der Hütte
	Anmeldungen nur schriftlich: Kemptner Hütte, 8980 Oberstdorf
Übernachtung:	100 Betten, 190 Lager, 10 Notlager
Winterraum:	26 Lager
Talorte:	Holzgau, Lechtal
	Parkplatz Freibergsee bei Oberstdorf
Steighöhen:	Von Holzgau: 880 m
	Vom Parkplatz Freibergsee: 1050 m
Gehzeiten:	Von Holzgau: 2¾ Stunden
	Vom Parkplatz Freibergsee: 4 Stunden

Stützpunkt für Tour ⑱

Die Kemptner Hütte von Süden, wie sie sich bei der Ankunft darbietet

Peischelgruppe

Die kleine, nur 5 ausgeprägte Gipfel umfassende Peischelgruppe, ein Ableger des Allgäuer Hauptkammes, zählt zu den einsamen Abschnitten der Allgäuer Alpen. Die 7 Kilometer lange Kette zwischen Lechtal und Allgäuer Hauptkamm, die von der Ellbogner Spitze im Westen über Peischelspitze, Wilden Kasten und Wildmahdspitze zum Muttekopf und zur Rotnase, einer Schulter im Nordostgrat des Muttekopfs zieht und von dort zum Höhenbachtal absinkt, fällt nach Norden ins Schochenalptal mit schroffen, brüchigen Wänden ab, während die weniger steilen, durch Kare gegliederten Südflanken weit hinauf begrünt sind. Die Besteigung ohne schwierige Kletterei ist deshalb nur von Süden aus dem Lechtal möglich. Die beiden Eckpfeiler der Gruppe, Ellbogner Spitze und Muttekopf, sind durch markierte Steige erschlossen. Nur sie werden etwas häufiger bestiegen, sind aber keineswegs überlaufen.

Unterkunftshütten als Stützpunkt stehen nicht zur Verfügung, doch lassen sich alle hier beschriebenen Routen als Tagestour aus dem schwäbischen Raum und dem westlichen Oberbayern mit Anfahrt über Füssen/Pfronten – Reutte begehen. Dabei kann man die drei westlichen Gipfel zu einer sehr anstrengenden, Peischelspitze und Wilden Kasten zu einer verhältnismäßig bequemen Tagestour zusammenfassen.

Die Aussicht von den fünf Gipfeln ist besonders nach Süden auf die Lechtaler Alpen recht eindrucksvoll. Im Norden schauen wir über das Schochenalptal hinweg auf die Berge des Heilbronner Wegs vom Hohen Licht bis zur Mädelegabel. Besonders hübsch sind die Nahblicke auf die jeweils benachbarten Gipfel der Peischelgruppe. Sie alle bieten ein schönes Bergerlebnis.

Der Ostteil der Peischelgruppe mit Muttekopf und Wildmahdspitze vom Bockkarkopf gegen die Lechtaler Alpen.

Ellbogner Spitze

Der mit 2553 Metern höchste und am leichtesten erreichbare Gipfel der Peischelgruppe. Die Ellbogner Spitze ist eines der schönsten und lohnendsten leichteren Gipfelziele dieses Buches. Dennoch wird man hier meist allein sein.

Ausgangspunkt ist Oberellenbogen, eine kleine Häusergruppe, die man von Steeg im Lechtal, am Ortsende nach rechts abbiegend (Schild „Ebene") auf steiler, sehr schmaler Asphaltstraße mit Ausweichstellen in einer weit ausholenden Kehre über den Weiler Ebene erreicht. Auf der flachen Wiese neben dem letzten Haus besteht Parkmöglichkeit. Am Waldrand oberhalb erblickt man zwei Hütten. Zur linken führt ein Wiesenpfad empor, dem wir folgen. An der Hütte (Schild „Ellbogner Spitze") beginnt ein markierter Steig, der zunächst nach Westen ausholend durch lichten Wald, dann stellenweise steil zu einer markanten Felsstufe und an ihrem Rand und in einer breiten Grasfurche mit vielen Kehren zu zwei kleinen Hütten auf einem freien Absatz am Südostrücken der Ellbogner Spitze leitet. Nach einem kurzen Aufschwung erreichen wir die Sattelebene, eine flache, etwas eingesenkte grasige Schulter. Von hier schwingt sich der breite, im unteren Teil grasige und von Latschen durchzogene, weiter oben schrofige Südostrücken in mehreren Stufen zu dem von der Sattelebene noch nicht sichtbaren Gipfel empor. Unser Steiglein, mitunter in Trittspuren aufgelöst, ist überaus deutlich rot markiert und nicht zu verfehlen. Die erste 60 Meter hohe Stufe endet in einem kurzen Absatz, der für die Besteigung von Peischelspitze und Wildem Kasten (Tour ②) wichtig ist: Hier beginnt einige Meter rechts ein schmaler, am steilen Hang ins Hintere Satteltal ziehender Pfad, der den Übergang zum Peischelkar vermittelt. Nähere Einzelheiten sind bei Tour ② beschrieben.

Unser Steiglein führt nun, bald flacher, bald steiler, in geschickter Ausnützung der Geländestruktur auf dem freien Rücken empor und erreicht nach einer kurzen schrofigen Einsenkung den Gipfelaufbau, der ohne jede Schwierigkeit über Geröll und grobes Blockwerk erstiegen wird. Vom Gipfel mit dem etwas unterhalb stehenden großen Kreuz haben wir einen schönen Blick hinab ins Lechtal, auf den westlichen Teil der Lechtaler Alpen, auf die Rappenalpen mit dem markanten Biberkopf und die Hochlichtgruppe und, vor allem, einen sehr instruktiven Blick auf den Wilden Kasten über dem Peischelkar mit seinem kleinen See. Wir können gut die aus dem Kar über den Südrücken geführte, bei Tour ② beschriebene Route verfolgen. Der Aufstieg zur Peischelspitze, die von unserem Standpunkt

Auf der Ellbogner Spitze über dem wolkenverhangenen Lechtal

als rundliche Kuppe erscheint, ist von der Nordostschulter der Ellbogner Spitze teilweise verdeckt. Bevor Sie Peischelspitze und Wilden Kasten angehen, sollten Sie zunächst die Ellbogner Spitze besteigen, um sich diesen Einblick zu verschaffen.

Hermann von Barth hat die Ellbogner Spitze im Juli 1873, vier Jahre nach seiner beispiellosen Erschließertätigkeit in den Allgäuer Alpen nachgeholt, hauptsächlich, um eine Skizze vom Hohen Licht anzufertigen als Illustration zu seinem Werk „Aus den Nördlichen Kalkalpen".

Auf dem Anstiegsweg steigen wir nach Oberellenbogen ab, im oberen Teil immer mit herrlichem Blick auf die Lechtaler Alpen.

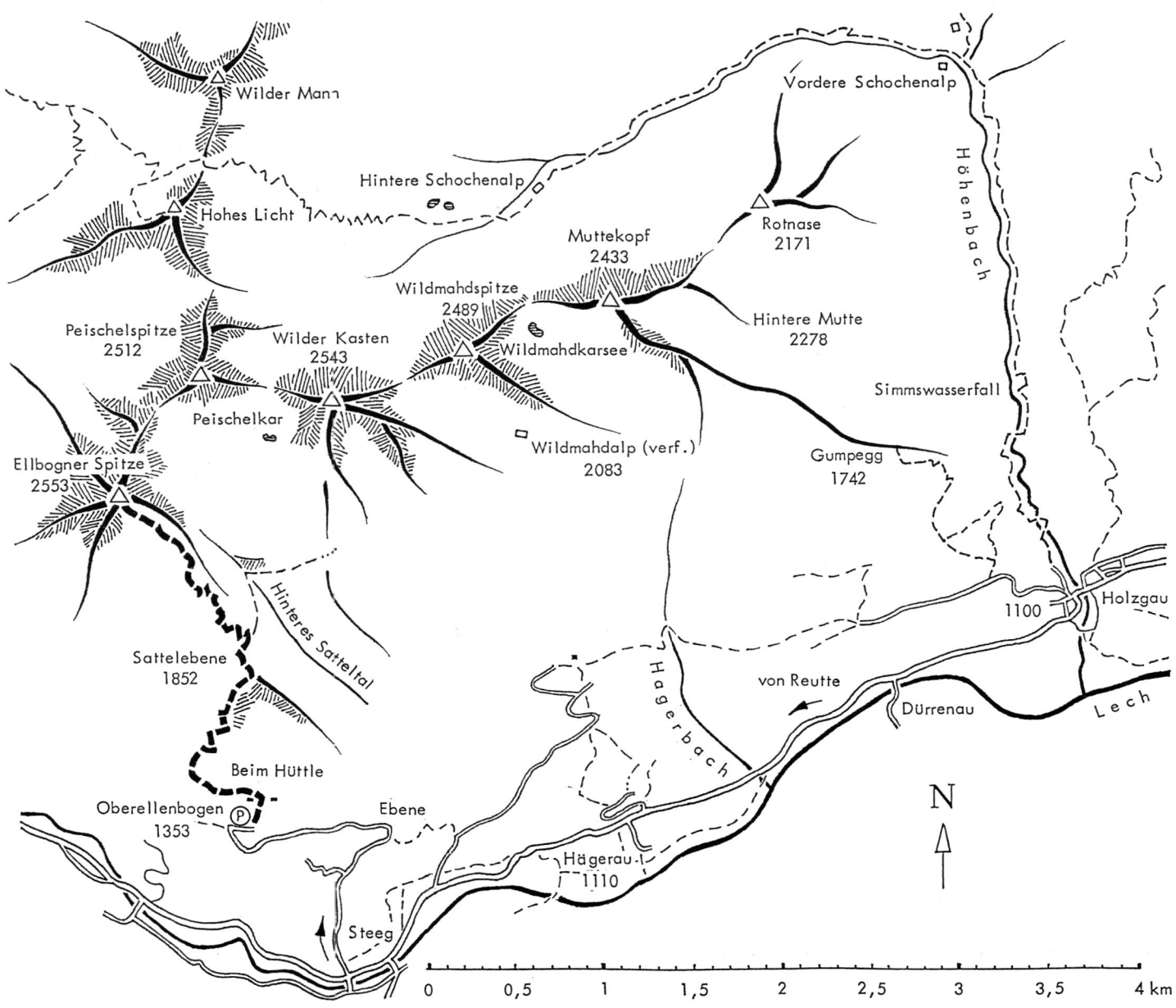

Ellbogner Spitze

Tourendaten

Ausgangsort:	Oberellenbogen bei Steeg, Lechtal – 1353 m
Gipfel:	Ellbogner Spitze 2553 m
Steighöhe und Gehzeit:	1200 m – 5 bis 6 Stunden (Aufstieg 3 bis 3¼ Stunden)
Charakter:	Ein durchgehender, gut markierter landschaftlich sehr reizvoller Steig führt ohne Schwierigkeit von Oberellenbogen auf den höchsten Gipfel der Peischelgruppe. Schöne Aussicht über das Lechtal hinweg auf die Lechtaler Alpen. Interessanter Blick auf die Hochlichtgruppe und die Nachbargipfel. Eine besonders lohnende Tour.

Tourenprofil mit Gehzeiten (Stunden)

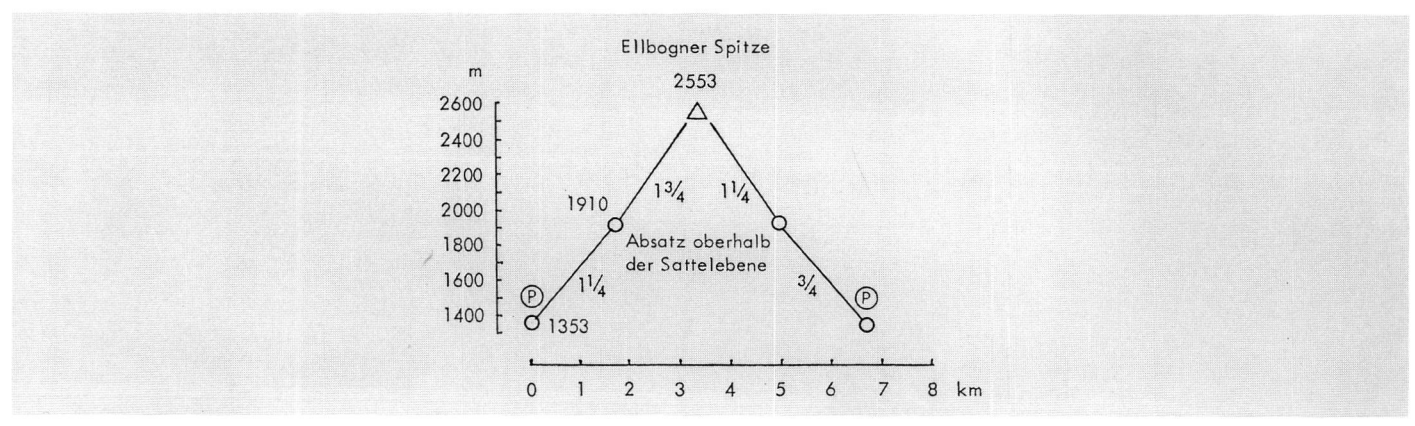

②
Peischelspitze und Wilder Kasten

Diese beiden Gipfel lassen sich in einer schönen, abwechslungsreichen Tagestour aus dem Lechtal besteigen. Allerdings erfordert die Tour Orientierungssinn im großenteils weglosen Gelände, etwas Übung im steilen Gras und trittsicheres Gehen in geröllbedeckten Schrofen. Sie sollte, obwohl klettermäßig wenig schwierig, daher nicht unterschätzt werden.

Wir fahren wie bei Tour ① vom Ortsende von Steeg auf schmaler Asphaltstraße nach Oberellenbogen hinauf und parken auf der Wiese neben dem letzten Haus. Von dort geht es wie beim Aufstieg zur Ellbogner Spitze auf dem markierten Weg zum Absatz 60 Meter oberhalb der Sattelebene. Hier beginnt ein schmaler Pfad, der den Übergang in das ausgedehnte Peischelkar zwischen Ellbogner Spitze und Wildem Kasten vermittelt. Wir verlassen den markierten Weg nach rechts und gehen durch Gras horizontal so weit, bis wir Einblick ins Kar haben. Unter uns sehen wir einen scharf eingeschnittenen Graben, das Hintere Satteltal, das die linke Begrenzung des Peischelkars bildet. Wir erkennen auch den Pfad, der unterhalb eines Felsabbruchs ins Kar führt. Diese Stelle ist unser erstes Ziel. Der anfangs ganz undeutliche Pfad zieht fast eben am Hang entlang, zuletzt leicht ansteigend zum Sattelbach, den er in scharfer Rechtswendung überquert. Gleich hinter dem Abbruch steigen wir in der ersten Latschengasse auf Trittspuren empor und erreichen die grasigen, mäßig steilen Hänge des Kars. Am besten ist es, über den Rücken neben dem Hinteren Satteltal aufzusteigen und anschließend nach Durchqueren eines blockigen Abschnitts den dahinter liegenden Grasrücken auf einer Pfadspur rechts zu umgehen. Wir gelangen so ziemlich eben in den hintersten Winkel des Peischelkars, über dem die nun erst sichtbare Peischelspitze aufragt. Unser Ziel ist die kleine Einschartung im Gipfelkamm links vom höchsten Punkt. Durch den flachen, meist bis weit in den Sommer hinein schneebedeckten Boden des Kars gehen wir genau in Richtung auf diese Scharte zu und steigen zunächst etwas mühsam im Geröll, dann auf der von der Scharte herabkommenden Graszunge auf guten Tritten zu einem kleinen Felswulst empor. Rechts daneben leiten Schrofentritte zu dem darüber ansetzenden schwach ausgeprägten Grasrücken, der in wenigen Minuten zur Scharte führt. Dieser geradlinige direkte Anstieg zur Scharte ist nach meiner Erfahrung der günstigste. Aufstiege weiter links sind mühsamer und wegen des Gerölls unangenehm. Von der Scharte geht es die letzten dreißig Höhenmeter zuerst auf

Blick von der Peischelspitze auf Wilden Kasten und Wildmahdspitze

Die Peischelspitze vom Wilden Kasten. Links dahinter der Biberkopf

Peischelspitze und Wilder Kasten

und dicht neben dem Grat, dann, wo er sich steiler aufschwingt, in einer breiten Geröllrinne, am Schluß über Schrofen ohne Schwierigkeit zum Gipfel der Peischelspitze.

Die Aussicht unterscheidet sich von den übrigen Gipfeln der Gruppe durch Nahblicke, nach Südwesten auf die Ellbogner Spitze, nach Osten auf unser nächstes Ziel, den Wilden Kasten und die links dahinter hervorschauende Wildmahdspitze, den schwierigsten Gipfel der Gruppe. Tief unter uns im Peischelkar erblicken wir einen kleinen See, an dem wir später zur Fortsetzung unserer Tour vorbeigehen.

Die Peischelspitze wurde zur Namensgeberin der Gruppe gewählt, weil sie das Bindeglied zum Allgäuer Hauptkamm darstellt. Ein scharfer, nach beiden Seiten steil abfallender Fels- und Grasschrofengrat zieht hinüber zum Hohen Licht. Er trennt das Schochenalptal vom Hochalptal.

Wir gehen zur Scharte zurück und steigen auf der Anstiegsroute ins Kar ab. Es gilt nun, mit möglichst wenig Höhenverlust das Kar zum Ansatz des begrünten Südrückens des Wilden Kasten zu queren. Die günstigste Route führt rechts an dem kleinen See vorbei. Am Rücken steigen wir auf Grastritten an den mäßig steilen, von Geröllbändern durchsetzten schrofigen Südgrat des Wilden Kasten heran. Eine genaue Routenbeschreibung ist hier nicht möglich und auch nicht nötig. Alle Hindernisse können problemlos umgangen werden. Steinmänner geben Hinweis auf die leichtesten Durchstiegsmöglichkeiten. Wir erreichen schließlich den Gipfelaufbau, der in einer steilen Felsstufe auf den Rücken abbricht. Hier müssen wir die schwierigste Stelle überwinden: Ein schmales, etwas abdrängendes, ganz kurzes aber sehr ausgesetztes Schrofenband umgeht den Felsabbruch links und leitet auf die Abdachung oberhalb der Stufe, wo wir über Geröll und Blockwerk ohne Schwierigkeit zum höchsten Punkt aufsteigen. Wenn der Südgratrücken des Wilden Kasten auch klettermäßig wenig schwierig ist, so erfordern die brüchigen, geröllbedeckten, teils plattigen Schrofen doch große Vorsicht und trittsicheres Gehen, besonders die „Schlüsselstelle", das kurze ausgesetzte Band unterm Gipfel.

Der Wilde Kasten ist ein prächtiger Aussichtsberg. Instruktiv ist der Blick auf die nun nähergerückte Wildmahdspitze. Wir schauen geradewegs auf die felsdurchsetzte Südwestflanke, über die der leichteste Anstieg führt. Im Westen bildet die eben bestiegene Peischelspitze zusammen mit Biberkopf und Widderstein und links flankiert von der Ellbogner Spitze eine eindrucksvolle Szenerie.

Auf der Anstiegsroute steigen wir mit der nötigen Vorsicht zum Ansatz des Südrückens ab und gehen von dort in südwestlicher Richtung in Anpassung an die Geländestruktur etwa auf der Linie, die in der Karte eingezeichnet ist, über die guttrittigen Grashänge des Kars zum Pfad am Sattelbach und zum Absatz oberhalb der Sattelebene. Von hier kehren wir auf dem markierten Weg nach Oberellenbogen zurück.

Falls Sie sehr konditionsstark sind und vom Absatz oberhalb der Sattelebene auch noch die Ellbogner Spitze besteigen wollen: Das sind zusätzliche 650 Höhenmeter und etwa 3 Stunden Gehzeit.

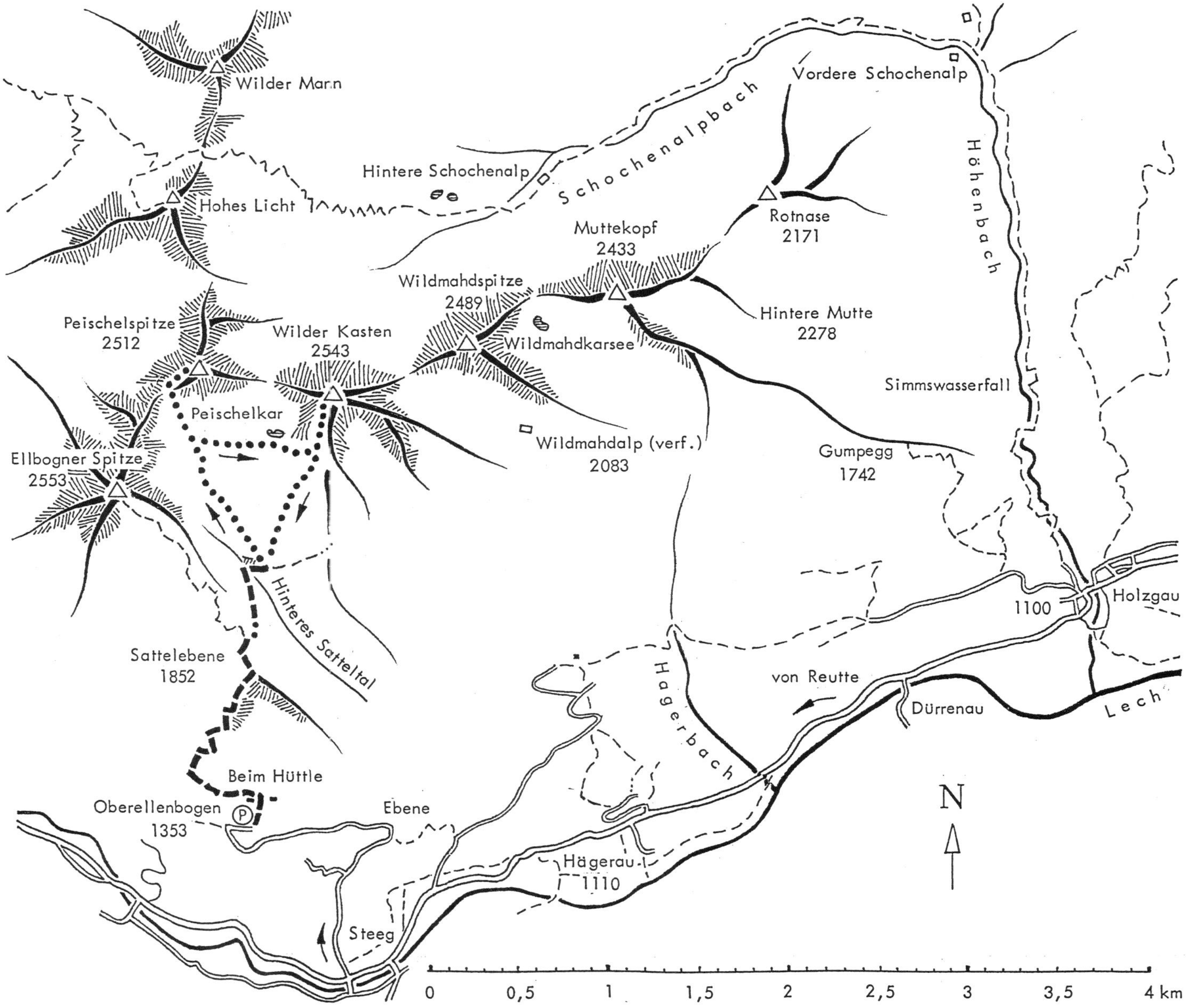
Wilder Mann
Hohes Licht
Hintere Schochenalp
Schochenalpbach
Vordere Schochenalp
Höhenbach
Rotnase
2171
Muttekopf
2433
Wildmahdspitze
2489
Hintere Mutte
2278
Peischelspitze
2512
Wilder Kasten
2543
Wildmahdkarsee
Simmswasserfall
Peischelkar
Wildmahdalp (verf.)
2083
Gumpegg
1742
Ellbogner Spitze
2553
Hinteres Satteltal
Holzgau
1100
Sattelebene
1852
Hagerbach
von Reutte
Dürrenau
Lech
Beim Hüttle
N
Oberellenbogen
1353
Ebene
Hägerau
1110
Steeg
0
0,5
1
1,5
2
2,5
3
3,5
4 km

Peischelspitze und Wilder Kasten

Tourendaten

Ausgangsort:	Oberellenbogen bei Steeg, Lechtal – 1353 m
Gipfel:	Peischelspitze 2512 m – Wilder Kasten 2543 m
Steighöhe und Gehzeit:	1420 m – 7 bis 8 Stunden
Charakter:	Die Verbindung von Peischelspitze und Wildem Kasten ist eine sehr lohnende Tagestour. Guter Steig von Oberellenbogen bis zum Absatz oberhalb der Sattelebene, dann weglose Aufstiege aus dem Peischelkar, die klettermäßig wenig schwierig sind, aber Orientierungssinn, Übung im Schrofengelände und sicheren Tritt erfordern.

Tourenprofil mit Gehzeiten (Stunden)

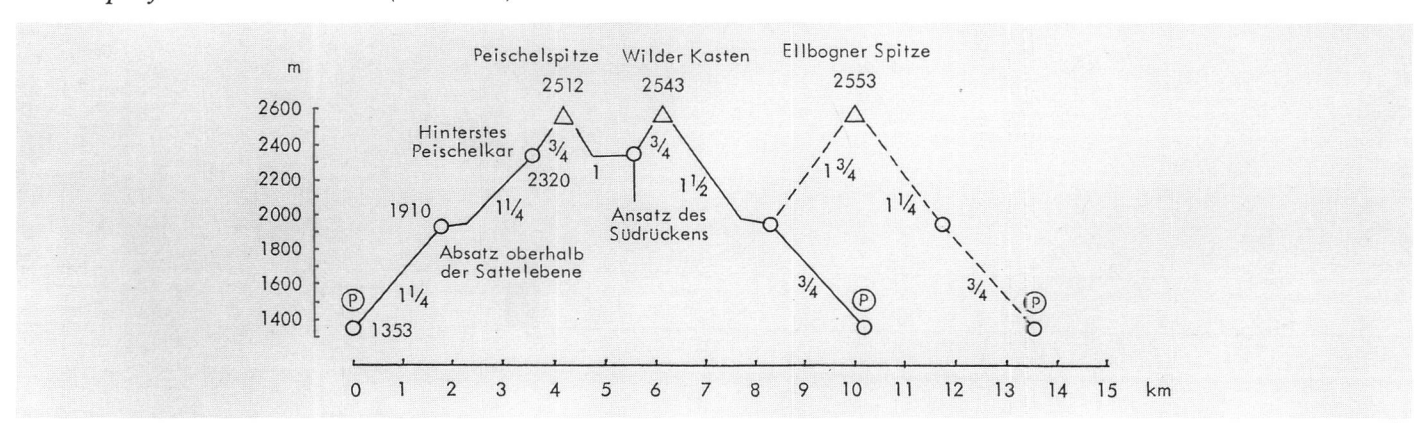

③
Wildmahdspitze

Die Wildmahdspitze vom Wilden Kasten. Über das schräge Geröllfeld unterm Gipfel führt der Abstieg.

Dieser anspruchsvollste und auch anstrengendste Gipfel der Peischelgruppe ist nur von Süden aus den Böden der völlig verfallenen Wildmahdalpe verhältnismäßig leicht zugänglich. Der großenteils weglose Aufstieg ist mühsam, doch wird man durch eine schöne Aussicht belohnt, und im Gipfelbereich gibt es einige hübsche Kletterstellen (II). Man kann sie leichter umgehen. Die Südwestflanke des nach allen anderen Seiten steil abfallenden Gipfelkörpers, über die der Aufstieg erfolgt, ist gut vom Wilden Kasten (Tour ②) einsehbar. Es ist deshalb empfehlenswert, den Wilden Kasten zu besteigen und die Aufstiegsflanke zu studieren, bevor man die Wildmahdspitze angeht.

Der günstigste Talort ist Hägerau zwischen Holzgau und Steeg. Hier wurde in letzter Zeit das am Ortseingang abzweigende Sträßlein weiter ausgebaut als Zufahrt zu einigen neuen Häusern, der „Siedlung" oberhalb des Ortes. Diese in den Karten noch nicht eingezeichnete Straße bildet den besten Ausgangspunkt für unsere Tour. Man biegt von der Lechtalstraße unmittelbar vor den ersten Häusern von Hägerau nach rechts ab und fünfzig Meter weiter nach links (Schild „Haus Bergfrühling") und parkt dann hinter der Haarnadelkurve.

Unser erstes Ziel ist der Hager Höhenweg, der Steeg mit Holzgau verbindet. Er führt über das untere Ende des von Hägerau aus sichtbaren begrünten, mit einzelnen Fichtengruppen bestandenen Rückens, den Hager. Für den Aufstieg dorthin gibt es zwei Möglichkeiten: 50 Meter hinter der Haarnadelkurve beginnt, nicht beschildert und anfangs undeutlich, ein kleiner Steig, der am Hang emporzieht und sich an einem großen Stein mit rotem Pfeil und der Aufschrift „Hager" nach rechts wendet. Er trifft bald auf einen von Steeg herüberkommenden Forstweg – ebenfalls in keiner Karte verzeichnet –, der zum Hager Höhenweg leitet. Die zweite Aufstiegsmöglichkeit: Man geht auf der Siedlungsstraße noch 130 Meter weiter, steigt hinter dem Gatter auf dem sanften Grasrücken neben dem Bächlein ein Stück empor und hält sich dann auf Trittspuren leicht rechts, bis man an einem Baum mit rot-weiß-rotem Ring auf ein nun deutlicheres Steiglein trifft, das unterhalb des bewaldeten Rückens zu dem erwähnten Forstweg leitet und diesen einige Meter rechts von der ersten Aufstiegsvariante erreicht. Auf dem Forstweg gehen wir bis zur nächsten scharfen Biegung, hinter der sich unser Steig, anfangs schlecht erkennbar, fortsetzt und weiter oben wieder auf den Forstweg stößt. Man kann die Kehre auch ausgehen. Wir folgen dem Forstweg nun nach rechts bis zu einem mächtigen Lawinenschutzwall. Hier beginnt ein rot markierter Pfad, der den Wall rechts umgeht und gleich dahinter zum Hager Höhenweg abbiegt, in den er zwanzig Meter links vom Gatter an einer kleinen Hütte mündet. – Ich habe diesen ersten Teil des Aufstiegs so ausführlich beschrieben, weil durch den Bau der Siedlungsstraße und des Forstweges die frühere Wegführung gelitten hat und etwas unübersichtlich geworden ist. Nur Einheimische kannten sich da noch aus.

Hinter dem Gatter zieht ein Wiesensteiglein im Bogen zu einer Hütte auf dem Hagerrücken hinauf. Von hier geht es weglos steil unmittelbar auf dem Rücken oder besser etwas weniger steil in den Gras-

furchen links davon empor zu einer Jagdhütte am oberen Ende des Rückens. Von dort leitet ein markierter Steig auf dem Rücken, dann am Hang entlang zur verfallenen Wildmahdalpe.
Über die grasigen Hügelwellen gehen wir, nun weglos, auf den sichtbaren trapezförmigen Felsaufbau der Wildmahdspitze zu und steigen im wenig später erreichten Kar auf einer guttrittigen Graszunge, zuletzt über plattige Schrofen zu einem links unter dem Gipfelkörper eingelagerten kleinen Absatz auf. Das ist günstiger und weniger mühsam als der Aufstieg dorthin am Rand der Felsen des Südostgrats. Hier haben wir für den letzten Gipfelanstieg zwei Möglichkeiten. Die anspruchsvollere, aber kürzere ist der direkte Aufstieg über die schwarzgebänderten Stufen der Südflanke (II), die leichtere

Blick von der Wildmahdspitze auf Wilden Kasten und Peischelspitze

Wildmahdspitze

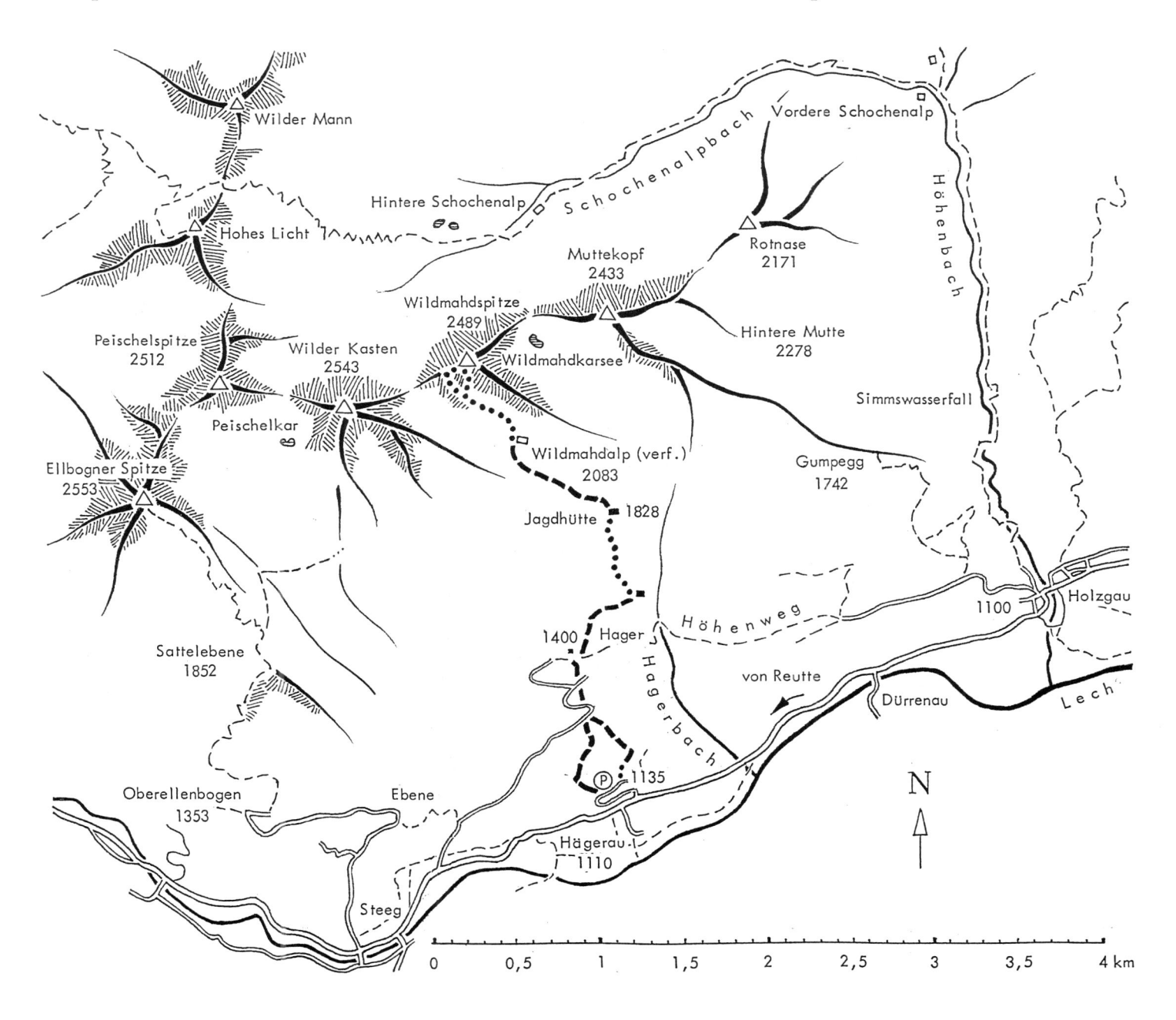

die nach Westen ausholende Umgehung auf der breiten, am Gipfelaufbau entlangziehenden Geröllrampe mit einer kleinen hübschen Kletterstelle unmittelbar unterm Gipfel (I). Diese Variante ist indessen besser für den Abstieg geeignet. Die schwierigste Stelle beim Felsanstieg ist die unterste über mannshohe Stufe. Dann geht es auf den Bändern hin und her von Stufe zu Stufe in netter Kletterei zur schrofigen Geröllabdachung unterhalb der Gipfelkrone und zum Schluß entweder durch die markante kaminartige Steilrinne mit einem senkrechten griffigen Aufschwung (II) zum Gipfel oder, leichter, auf einem schmalen Geröllband nach links zu einer kleinen Scharte im Westgrat und hier über ein

Das gutgestufte Wandl unterm Gipfel

Wildmahdspitze

steiles, aber gutgestuftes Wandl (I) zum höchsten Punkt. Der ganze Aufstieg von Hägerau dauert etwa 4 Stunden, wobei für den Gipfelanstieg von der verfallenen Wildmahdalpe ab mit 1½ Stunden zu rechnen ist.

Für den Abstieg wählen wir am besten die Variante über die Geröllrampe, die schneller und leichter ist als das Abklettern der Felsstufen. Dazu steigen wir zunächst über das Wandl zu einer kurzen Schrofenrinne und dort auf die Geröllrampe ab, die wir nun mit der nötigen Vorsicht bis zu ihrem Ende, uns immer in der Nähe der Felsen haltend, verfolgen. Anschließend geht es über die plattigen Schrofen und auf der Graszunge zum Karboden und zur Wildmahdalpe hinab und auf der Anstiegsroute nach Hägerau zurück.

Tourendaten

Ausgangsort:	Hägerau – 1110 m
Gipfel:	Wildmahdspitze – 2489 m
Steighöhe und Gehzeit:	1390 m – 6 bis 7 Stunden (Aufstieg 4 Stunden)
Charakter:	Die Besteigung dieses anspruchsvollsten Gipfels der Peischelgruppe ist durch die streckenweise weglosen Abschnitte mühsam, aber abwechslungsreich und wegen der schönen Aussicht lohnend. Die direkte Ersteigung der Gipfelkrone bietet mäßig schwierige Kletterei (II), doch ist eine Umgehung im Geröll mit einer hübschen leichten Kletterstelle (I) möglich. Für die etwas verwirrende Wegführung im Waldbereich unterhalb des Hager Höhenweges Routenbeschreibung beachten!

Tourenprofil mit Gehzeiten (Stunden)

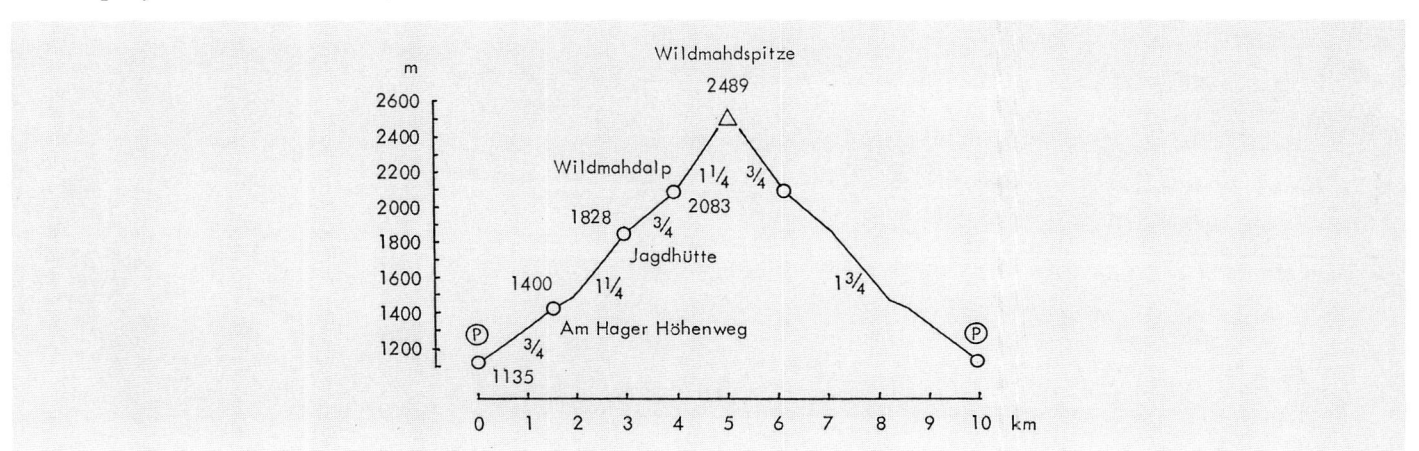

④
Muttekopf und Rotnase

Panoramablick vom Muttekopf auf Wilden Kasten, Wildmahdspitze und Hochlichtgruppe

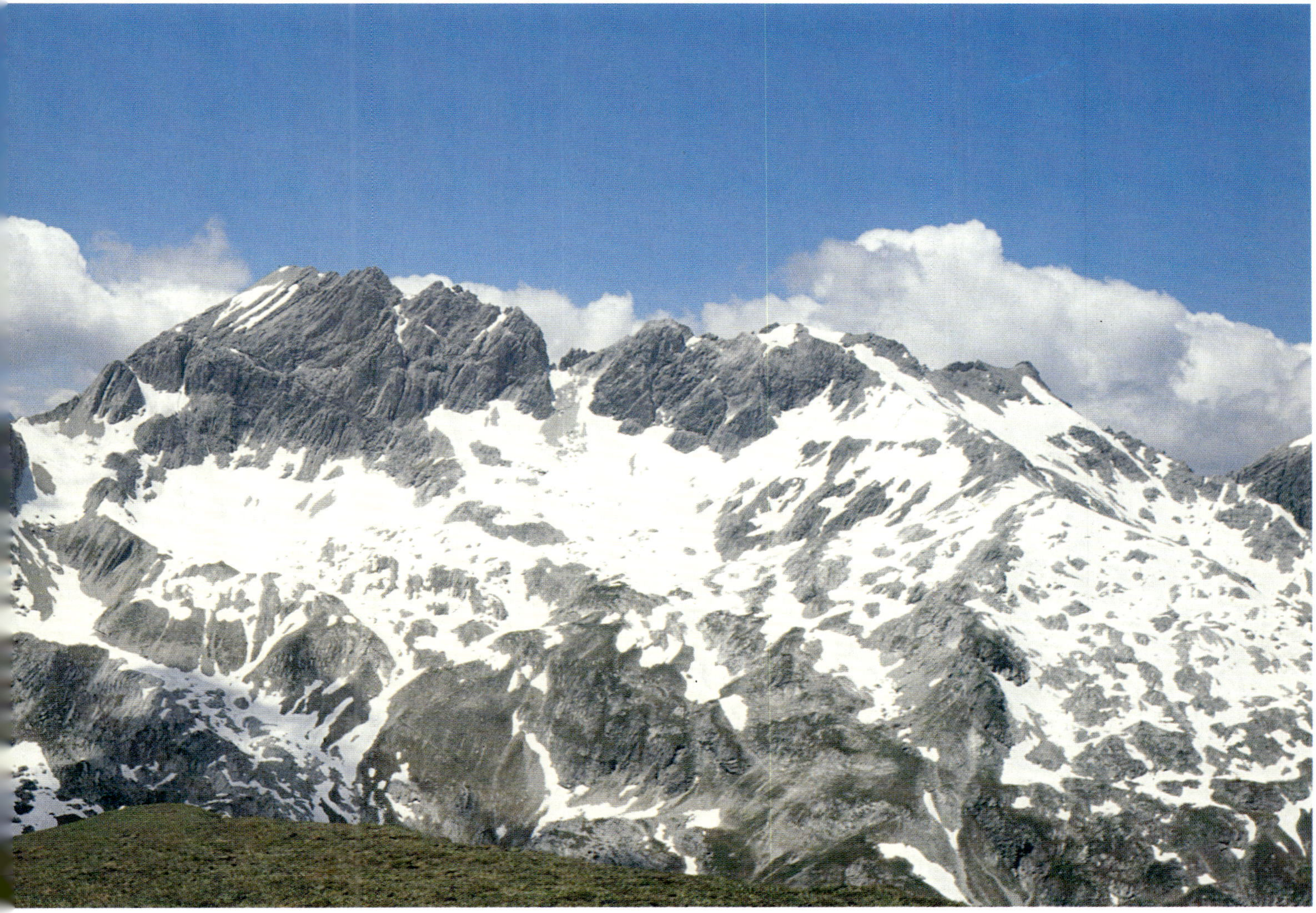

Der Muttekopf, östlicher Eckpfeiler der Peischelgruppe, fällt nach Norden mit steiler Grasschrofenflanke ins Schochenalptal ab, während er von Süden aus dem Lechtal auf schmalem Steig zwar etwas mühsam, aber ohne Schwierigkeit zugänglich ist. Er entsendet nach Nordosten einen Gratrücken, der als letzte Erhebung die Rotnase trägt, ein kaum über die Kammhöhe ragendes Schrofenköpfchen mit einem Vermessungszeichen. Beide lassen sich in einer interessanten Tagestour gut miteinander verbinden. Allerdings sollten Sie die Tour nur bei nicht zu warmem Wetter angehen, denn der Anstieg zum Muttekopf über die freien Grasrücken und die Vordere und Hintere Mutte kann sonst zur Tortur werden. Der Nachteil, daß die Grasflächen der Hinteren Mutte fast immer von Schafen bevölkert sind, die auch schon mal den Muttekopf besteigen und dort einiges hinterlassen, wird durch eine prächtige Aussicht aufgewogen: Auf die Felsgipfel der Peischelgruppe, auf die Berge der Hochlicht- und Mädelegabelgruppe über dem Schochenalptal, auf den westlichen Teil der Hornbachkette mit dem Großen Krottenkopf und dem nach Süden abstrahlenden Jöchelspitzkamm. Und natürlich auf die markanten Gipfel der Lechtaler Alpen, von denen die Wetterspitze und die Grießtaler Spitze besonders hervortreten.

Ausgangsort für die Tour ist Holzgau im Lechtal, wo man am besten am Höhenbach unterhalb der Kirche parkt. Wir folgen zunächst dem an der Kirche vorbeiziehenden für den Normalverkehr gesperrten Asphaltsträßlein, von dem nach 10 Minuten ein Fahrweg abzweigt (Schild „Holzgau-Muttekopf"). Am besten ist, die ganze Kehre auszugehen, denn das in den Karten eingezeichnete 50 Meter hinter der Abzweigung beginnende kaum erkennbare abkürzende Wiesensteiglein bringt nicht viel und wird offensichtlich auch nicht mehr benützt. Nach einer weiteren Viertelstunde verlassen wir den Fahrweg und folgen dem nun schmalen Pfad bis zu der nahen kleinen Hütte an einer Liftstütze, vor der er, hier ganz undeutlich, nach links abbiegt und ein Stück unmittelbar unter den Liftseilen entlangführt. An der nächsten Stütze wendet der Pfad sich dem Wald zu, wo er deutlicher wird und nun, beschildert und rot markiert, an dem recht steilen Hang emporzieht. Weiter oben geht es über Wiesenhänge zum Südostrücken des Muttekopfs, den das Steiglein beim sogenannten Gumpenegg erreicht. Es folgt jetzt stets dem Rücken, zuerst steil durch lichten Baumbestand, dann über Gras zur sanfter geneigten Fläche der Vorderen Mutte. Hier gibt es nur noch Trittspuren, die Routenführung ist durch Holzpflöcke und vereinzelte Markierungspunkte gekennzeichnet. Man hält in dem übersichtlichen Gelände auf die Mitte eines schrofigen Querriegels zu, an dessen Fuß Pfad und Markierung wieder deutlich werden. Dahinter folgen „Karren", ausgewaschene Kalkrippen, die man durchsteigt oder hart an Abbrüchen links umgeht. Damit sind wir am Beginn der Hinteren Mutte angelangt, der Gipfelaufbau des Muttekopfs liegt nun vor uns. Nach den einschlägigen Karten ist die weitere Aufstiegsroute durch den rechten Teil der Hinteren Mutte und zum Schluß über den Nordostrücken geführt. Das ist umständlich. Von Steig kann da ohnehin keine Rede mehr sein, was man sieht, sind Schafwechsel. Diesen Umweg sparen wir uns und steigen unmittelbar am Südostrücken über

Schrofen und Blockwerk, weiter oben auf Grastritten ohne Schwierigkeit zum Gipfel hinauf. Das Kreuz steht etwas unterhalb des höchsten Punktes. Das Gipfelbuch zeigt, daß der Muttekopf nicht eben häufig bestiegen wird, es ist ja auch ein bißchen mühsam.
Der Übergang zur Rotnase ist leicht. Man bleibt dabei stets am Kamm. Zunächst leitet eine Trittspur mit Markierung – die von uns nicht benützte, in diesem Abschnitt deutliche Anstiegsroute – zu einer flachen Einsattelung, dann geht es auf schmalem Grasgrat zum östlichen Vorkopf, dahinter auf dem breiter werdenden Rücken über kurze Stufen und auf Schafwechseln zur Rotnase.

Die Karrenzone zwischen Vorderer und Hinterer Mutte mit Blick hinab ins Lechtal

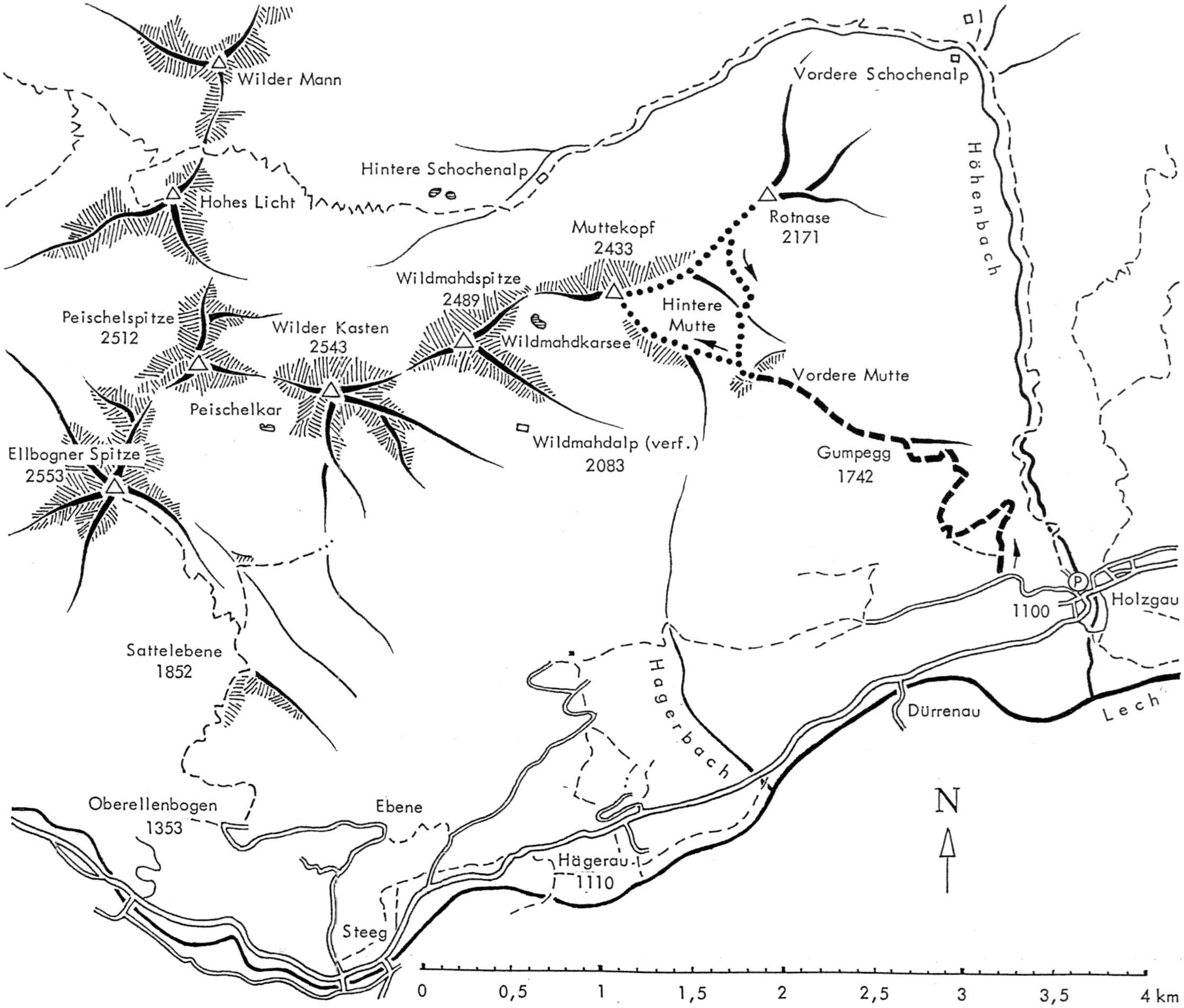
Wilder Mann
Hohes Licht
Hintere Schochenalp
Vordere Schochenalp
Höhenbach
Rotnase
2171
Muttekopf
2433
Wildmahdspitze
2489
Hintere
Mutte
Vordere Mutte
Wildmahdkarsee
Peischelspitze
2512
Wilder Kasten
2543
Peischelkar
Ellbogner Spitze
2553
Wildmahdalp (verf.)
2083
Gumpegg
1742
1100
Holzgau
Sattelebene
1852
Hagerbach
Dürrenau
Lech
Oberellenbogen
1353
Ebene
Hägerau
1110
Steeg
N
0
0,5
1
1,5
2
2,5
3
3,5
4 km

Muttekopf und Rotnase

Die Abstiegsroute ist von der Hinteren Mutte ab die gleiche wie beim Aufstieg zum Muttekopf. Allerdings brauchen wir diesen nicht mehr zu überschreiten, sondern wir umgehen den östlichen Vorkopf auf einer von der Rotnase aus erkennbaren Pfadspur, zu der wir am Kamm etwa fünfzig Meter zurückgehend und von dort nach links auf Schrofenbändern absteigend gelangen. Die Spur zieht dann in kurzen Kehren zu dem flachen Sattel links vom Vorkopf empor, wo wir auf den Weg an der Hinteren Mutte treffen und bald das beim Aufstieg erwähnte Karrenfeld erreichen. Achten Sie beim weiteren Abstieg über die Vordere Mutte gut auf die Pfadspuren und Markierungen. Man kann hier leicht zu weit nach rechts geraten und kommt in unangenehmes wegloses Steilgras. Halten Sie sich immer auf dem am weitesten links gelegenen Rücken, wo Pfad und Markierung bald wieder deutlicher werden. Vom Gumpenegg ab ist die Route dann leichter zu finden.

Tourenprofil mit Gehzeiten (Stunden)

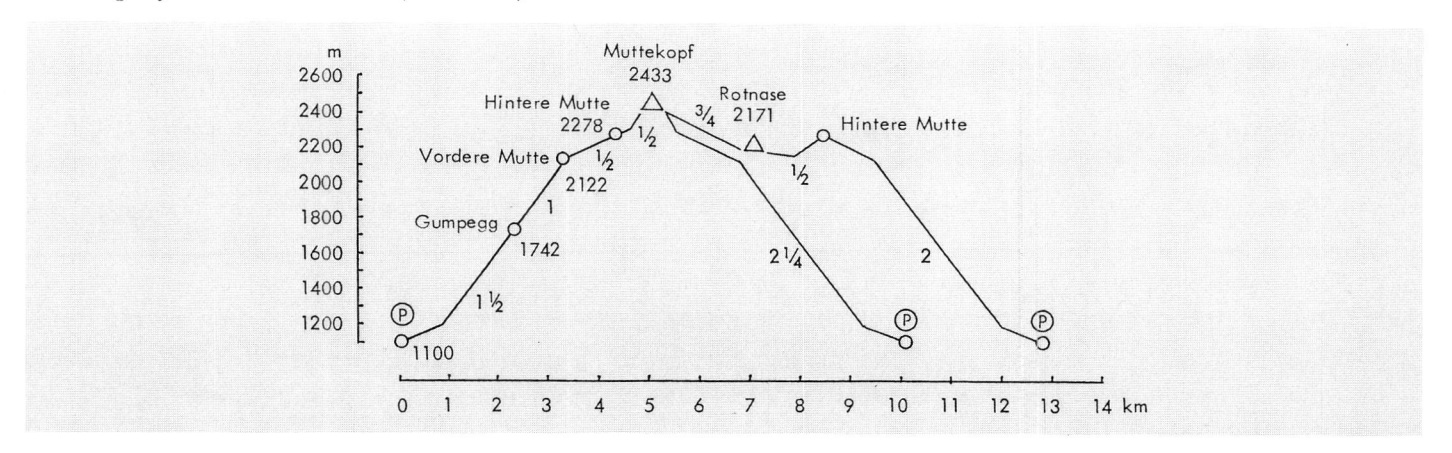

Tourendaten

Ausgangsort:	Holzgau, Lechtal – 1100 m
Gipfel:	Muttekopf 2433 m – Rotnase 2171 m
Steighöhen und Gehzeiten:	Gesamttour: 1470 m – 6½ bis 7 Stunden Nur Muttekopf: 1340 m – 5½ bis 6 Stunden
Charakter:	Der Aufstieg zum Muttekopf, dem östlichen Eckpunkt der Peischelgruppe, ist trotz des markierten Steigs etwas mühsam, doch wegen der schönen Aussicht lohnend. Im Bereich der Vorderen Mutte, besonders beim Abstieg, gut auf die Markierung achten! Netter, ganz leichter Übergang zur Rotnase.

Hornbachkette

Die Hornbachkette, der mächtigste Seitenast des Allgäuer Hauptkammes, hat mich immer besonders fasziniert. Hier gibt es noch einsame Kare und eine ganze Anzahl markanter Gipfel, die selten oder kaum je bestiegen werden. So fand ich auf der Noppenspitze im August 1987 eine Flasche mit einem Zettel vor, der eine drei Jahre zurückliegende Besteigung auswies. Vermutlich war seitdem niemand oben gewesen. Die Noppenspitze habe ich nicht in das Buch aufgenommen, weil der Aufstieg aus dem Noppenkar auf der leichtesten Route in brüchigen, schuttbedeckten Steilschrofen heikel und eine exakte Routenbeschreibung kaum möglich ist.
Schöne Tiefblicke hinab ins Lechtal und eine herrliche Aussicht auf die Lechtaler Alpen bieten einen zusätzlichen Anreiz. Nur wenige Gipfel im unmittelbaren Kamm sind durch markierte Steige leicht zugänglich gemacht: Die Östliche Plattenspitze im Westen, die Bretterspitze im mittleren Teil und der Eckpfeiler im Osten, die Klimmspitze. Seit einiger Zeit ist auch der Aufstieg zur Urbeleskarspitze durch einen deutlichen Pfad im unteren Abschnitt des Gipfelaufbaus erleichtert. Ich habe in den letzten Jahren auf allen Gipfeln der Hornbachkette und ihrer Seitenkämme gestanden, auf den häufiger bestiegenen und den wenig bekannten. Oft mußte ich die günstigste Route selbst ausfindig machen, weil es in der einschlägigen Literatur darüber gar keine oder nur ganz unzutreffende Beschreibungen gab. Die schönsten und interessantesten Touren auf nicht alltägliche Gipfel der Hornbachkette habe ich für Sie ausgesucht.
Die 16 Kilometer lange, an der Öfnerspitze vom Hauptkamm abzweigende Kette umfaßt einschließlich ihrer Seitenäste 40 mehr oder weniger ausgeprägte Gipfel. Die meisten lassen sich aus dem Lechtal, im westlichen Teil mit der Hermann-von-Barth-Hütte als Stützpunkt, besteigen, während für einige Gipfel im mittleren Abschnitt Hinterhornbach der günstigste Ausgangsort ist.

⑤ Marchspitze

Auf dem Gipfel der Marchspitze mit Blick auf den Ostteil der Hornbachkette

Einer der markantesten und formschönsten Gipfel der Hornbachkette. Hermann von Barth hat die Marchspitze am 6. September 1869 als erster Tourist bestiegen. Er fand eine Signalstange vor, die bei einer Vermessung einige Jahre vorher aufgestellt worden war. Wahrscheinlich hatten schon früher Hirten und Jäger den Gipfel betreten. Der stolze Berg hat auch damals schon zur Besteigung gereizt, und er hat bis heute nichts von seiner Anziehungskraft verloren.

Hermann von Barth stieg über den Westgrat auf. Das ist auch unsere Route. Sie bietet den leichtesten und sichersten Anstieg, setzt aber doch einige Erfahrung in Steilschrofen und etwas Kletterfertigkeit (eine kurze Stelle II, sonst I) voraus. Der Südgrat, eine ebenfalls übliche Route, ist schwieriger und vor allem stellenweise recht ausgesetzt. Die Ostwand, früher mit II bewertet, ist durch einen Felsausbruch in letzter Zeit äußerst schwierig geworden.

Günstigster Ausgangsort für die Besteigung der Marchspitze ist Elbigenalp im Lechtal. Hermann von Barth ging zwar von Hinterhornbach aus, von wo er einen Tag vorher die Bretterspitze bestiegen hatte, doch damals gab es ja auch noch nicht die Hütte, die seinen Namen trägt. Für uns ist sie ein willkommener und notwendiger Stützpunkt. Den Parkplatz erreichen wir, indem wir in Elbigenalp an einer großen geschnitzten Figur von der Straße nach rechts abbiegen. Unmittelbar dort beginnt der beschilderte Aufstiegsweg zur Hütte. Auf dem breiten Versorgungsweg gehen wir bis dahin, wo er aus dem Wald tritt und steigen, die weit ausholende Kehre abkürzend, auf einem Steiglein am Waldrand empor, das bald wieder auf den Versorgungsweg stößt. Man kann nun für den weiteren Aufstieg zur Hütte entweder, etwas kürzer, den auf der anderen Seite beginnenden Weg benützen oder dem Versorgungsweg nach links zur Talstation der Materialseilbahn folgen. Beide Wege sind beschildert und markiert, sie treffen kurz vor dem Einschwenken ins Tal des Balschtebachs wieder zusammen. Unser Steig strebt nun, landschaftlich recht hübsch, dem Talgrund zu, überschreitet den Bach, wendet sich scharf nach links und zieht dann in vielen Kehren durch die schrofige Latschenzone zum Rand des Wolfebnerkars und zur Hütte hinauf. Die schön gelegene gemütliche Hütte mit herrlichem Blick auf die Lechtaler Alpen wurde durch ein Ende September 1990 fertiggestelltes Selbstversorgerhüttchen mit 12 Lagern und ganz reizender Innenraumgestaltung ergänzt. Die Hütte ist Ausgangspunkt auch für die weiteren hier beschriebenen Gipfelbesteigungen im westlichen Teil der Hornbachkette.

Gleich oberhalb der Hütte beginnt an den Schildern „Düsseldorfer Weg – Kemptner Hütte" unser Weg zur Marchspitze. Er quert das Wolfebnerkar, führt zu einem Absatz im Südrücken der Ilfenspitzen und von dort über schmale Schrofenbänder hinab ins Birgerkar. Hier haben wir erstmals die Marchspitze vor uns, links flankiert von der Hermannskarspitze und dem steil aufstrebenden, von ihr durch eine tiefe Scharte getrennten Hermannskarturm. Der Weg windet sich nun mit einigem Auf und Ab durch die Buckel des Birgerkars und zieht dann steil zu einer kleinen, von einem Felszacken begrenzten Scharte im Südabfall des Hermannskarturms, dem Schafschartl, empor, wo sich der Blick in das weite Hermannskar öffnet mit dem auf der Westseite mächtig aufragenden Großen Krottenkopf. Unter den Abstürzen des Hermannskarturms und durch eine gewundene Geröllrinne geht es unmittelbar am Rand der Felsen ins Hermannskar hinab. Dort, wo der Weg sich auf einer kleinen Bodenwelle von den Felsen löst und wieder zu fallen beginnt, merken wir uns den Einstieg zu Hermannskarturm und Hermannskarspitze vor. Wir folgen dem Weg im Kar noch etwa zehn Minuten bis

Marchspitze

zu einer flachen begrünten Schulter, von der man erstmals den Hermannskarsee sieht, und steigen von hier mühsam teils auf Trittspuren, möglichst die spärlichen Graszungen benützend, weiter oben über die plattigen, geröllbedeckten Schrofen der rechten Begrenzung zur Scharte zwischen der Marchspitze und der Östlichen Faulewandspitze, der Spiehlerscharte, auf. Hier schwingt sich der Westgrat steil empor. Das am Gipfel der Östlichen Faulewandspitze aufgenommene Bild zeigt die Nordwestflanke der Marchspitze mit dem gesamten Westgrat. Es bietet eine wichtige Orientierungshilfe für unsere Aufstiegsroute.

Die Marchspitze von der Östlichen Faulewandspitze

Wie man sieht, ziehen vom unteren Teil des Westgrats zwei tief eingeschnittene Rinnen herab – die rechte ist durch eine Rippe geteilt –, unter denen ein Geröllfeld eingelagert ist. Über dieses Geröllfeld gehen wir von der Scharte, meist auf deutlicher Pfadspur, schräg aufwärts zu einem niedrigen plattigen Aufschwung, der auf guten Tritten erstiegen wird. Wir gelangen zu einem kleinen Geröllabsatz unterhalb der linken Rinne. Er stößt an den schroffen Felsabbruch eines vom Westgrat herabkommenden Seitengrats. An dessen Rand zieht nach rechts eine breite Geröllrampe, die weiter oben in eine seichte Rinne übergeht, zum Hauptgrat empor. Sie vermittelt den weiteren Aufstieg. Die Rinne endet in einem kleinen Kessel unmittelbar unter den Gratfelsen. Der steile Felsaufschwung wird von zwei kurzen kaminartigen Steilrinnen durchrissen. Am günstigsten benützt man die steilere, aber gutgriffige rechte Rinne und klettert vor dem oberen Ende nach links an einem Felszacken vorbei zum Grat. Auch die linke Rinne ist gangbar. Sie enthält mehr Geröll, und man muß etwas ausgesetzt auf kleinen Tritten zum Fußpunkt hinüberqueren. Die Rinnen und der Ausstieg zur Grathöhe sind die Schlüsselstellen dieser Route (II). Oberhalb folgt man einige Meter dem Grat (Steinmann) und strebt gleich dort, wo er nach rechts abknickt, über Schrofen dem Gipfelkamm zu. Hier weisen Steinmänner und Trittspuren die günstigsten Durchstiege. Am sanft geneigten Kamm geht es in hübscher leichter Kletterei zum nahen zerborstenen Gipfelkreuz mit Buch.
Eine prächtige Aussicht belohnt unsere Mühe, auf den Großen Krottenkopf und seine Trabanten, auf die Gipfelvielfalt des Allgäuer Hauptkammes und der Hornbachkette, auf die Lechtaler Alpen mit der markanten Wetterspitze.
Auf der Anstiegsroute steigen wir zur Spiehlerscharte und zum Weg im Hermannskar ab, wobei die geröllbedeckten Schrofen ganz besonders im Abstieg große Vorsicht erfordern.
Wenn es Zeit und Kondition erlauben, lassen sich auf dem Rückweg auch Hermannskarturm und Hermannskarspitze (Tour ⑥) noch besteigen. Diese Gipfelkombination ist im Tourenprofil mit eingezeichnet. Das sind zusätzlich etwa 250 Höhenmeter und 2 Stunden Gehzeit. Das Normale wird sein, diese beiden Gipfel von der Hütte aus erneut anzugehen.
Falls Sie von der Marchspitze direkt nach Elbigenalp absteigen und die Gegenanstiege zur Hütte vermeiden wollen, bietet sich der Rückweg durchs Bernhardstal an. Bald nach Überschreiten des Schafschartls zweigt nach rechts 30 Meter hinter einem großen Block mit rotem Pfeil „E" (Elbigenalp) der markierte Weg ab. Er führt in vielen Kehren über den freien Rücken, dann durch den Latschenbereich ins Tal und zieht hier ein Stück oberhalb des Bernhardsbaches durch eine reizende Landschaft zum Talgrund, wo er auf einen breiten Forstweg trifft. Hoch über dem schluchtartig eingeschnittenen Tal gelangen wir zur Gibler Alm, hinter der ein schmaler Weg in 15 Minuten nach Elbigenalp zurückleitet. Von der Lechtalstraße erreicht man gleich hinter der Brücke nach links abbiegend den Parkplatz.

Marchspitze 55

Abstieg am Westgrat mit Blick auf den Großen Krottenkopf

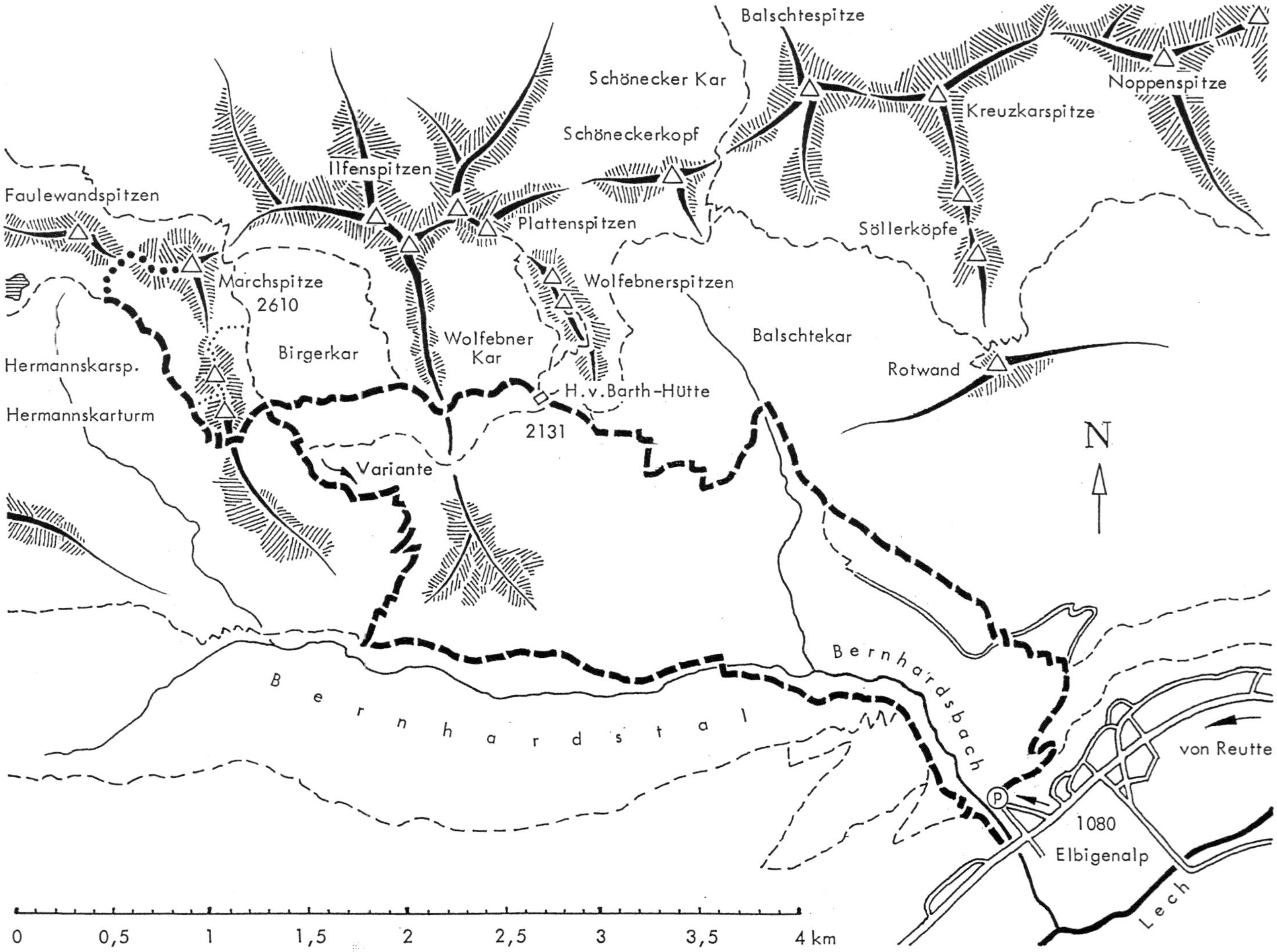
Balschtespitze
Schönecker Kar
Noppenspitze
Kreuzkarspitze
Schöneckerkopf
Ilfenspitzen
Faulewandspitzen
Plattenspitzen
Söllerköpfe
Marchspitze
2610
Wolfebnerspitzen
Balschtekar
Birgerkar
Wolfebner Kar
Hermannskarsp.
Rotwand
H.v.Barth-Hütte
Hermannskarturm
2131
N
Variante
Bernhardsbach
Bernhardstal
von Reutte
P
1080
Elbigenalp
Lech
0
0,5
1
1,5
2
2,5
3
3,5
4 km

Marchspitze 57

Tourendaten

Ausgangsort:	Elbigenalp, Lechtal – 1080 m	
Stützpunkt:	Hermann-von-Barth-Hütte – 2131 m	
Gipfel:	Marchspitze 2610 m – (Hermannskarturm 2466 m – Hermannskarspitze 2527 m)	
Steighöhen und Gehzeiten:	Von Elbigenalp zur Hütte:	1060 m – 2½ bis 2¾ Stunden
	Von der Hütte zur Marchspitze und zurück:	740 m – 5 bis 5½ Stunden
	Von der Hütte zu den drei Gipfeln und zurück:	990 m – 7 bis 7½ Stunden
	Von der Hütte zur Marchspitze und Abstieg durchs Bernhardstal:	640 m – 6½ bis 7 Stunden
	Abstieg von der Hütte:	1½ bis 1¾ Stunden
Charakter:	Die Besteigung der Marchspitze, eines der markantesten Gipfel der Allgäuer Alpen, ist von der Hermann-von-Barth-Hütte eine verhältnismäßig kurze, sehr lohnende interessante Tour, die auch bei Abstieg durchs Bernhardstal am gleichen Tag nicht zu anstrengend ist. Die hier beschriebene Westgratroute setzt Trittsicherheit und Schwindelfreiheit, ein wenig Orientierungssinn und Kletterfertigkeit voraus (kurzzeitig II). Hervorragende Aussicht. Die „Mitnahme" von Hermannskarturm und Hermannskarspitze (Tour ⑥) auf dem Rückweg zur Hütte verlangt wegen der zusätzlich zu bewältigenden Steighöhe (250 m) und Gehzeit (2 Stunden) gute Kondition.	

Tourenprofil mit Gehzeiten (Stunden)

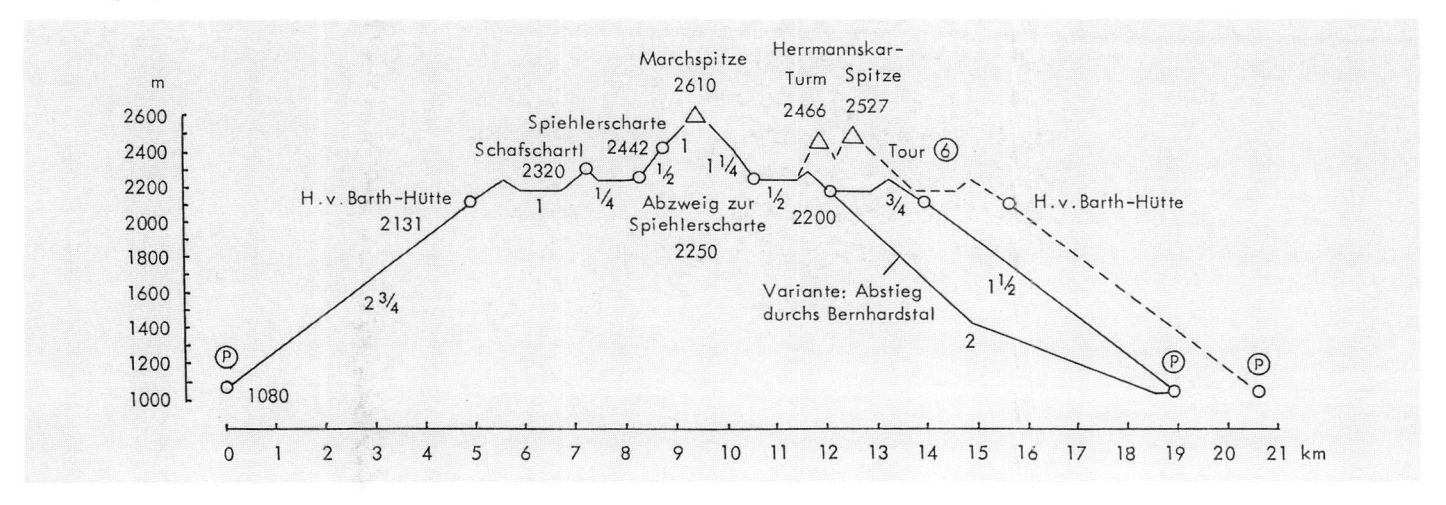

⑥
Hermannskarturm und Hermannskarspitze

Hermannskarturm und Hermannskarspitze vom Weg im Birgerkar

Diese beiden steil aufragenden Gipfel in dem von der Marchspitze nach Süden streichenden Kamm bieten besonders von Osten, aus dem Birgerkar, einen eindrucksvollen Anblick. Sie sehen recht unnahbar aus, doch ist die Besteigung von Westen her gar nicht so schwierig. Dabei gilt es, die scharf eingeschnittene Scharte zwischen beiden Gipfeln zu gewinnen, die man aus dem Birgerkar nur in sehr schwieriger Kaminkletterei, von Westen jedoch durch Aufstieg in einer mäßig schwierigen engen Rinne (II) erreicht. Dies ist der anspruchsvollste Abschnitt der Tour.
Wie bei Tour ⑤ folgen wir von der Hermann-von-Barth-Hütte dem mit „Kemptner Hütte" beschilderten Weg zum Schafschartl und dahinter noch etwa fünf Minuten ins Hermannskar, bis der Weg nach einer breiten gewundenen Geröllrinne eine kleine Bodenwelle überschreitet, den unmittelbaren Felsbereich verläßt und ins Kar hinableitet. An dieser Stelle steigen wir über einen kurzen schrofigen Aufschwung einige Höhenmeter zu einem mäßig geneigten Absatz auf, der an die schroffen Felsen der Westflanke stößt. Wir erblicken eine tief eingeschnittene Rinne. Das ist die falsche! Zwar ist auch hier der Aufstieg zur Scharte möglich, aber sie ist schwieriger als die etwa 20 Meter weiter links ansetzende, von unserem Standpunkt noch nicht erkennbare Rinne. Bei meiner ersten Besteigung im September 1988 bin ich mangels exakter Beschreibung versehentlich in der rechten Rinne aufgestiegen. Den senkrechten Aufschwung kann man nur auf sehr steilen plattigen Bändern an der linken Rinnenseite ausgesetzt umgehen. Viel besser ist die weiter links gelegene Rinne, in die wir über einige Rippen hineinqueren. Sie ist ziemlich steil, aber gut gestuft und birgt keine unangenehmen Überraschungen. Man findet ausreichend Griffe und Tritte. Eine kleine Klemmblockstufe im oberen Teil wird überklettert oder leichter rechts umgangen. Nach einigen weiteren Höhenmetern erreichen wir einen Geröllplatz, wo sich unsere Rinne mit der rechten Rinne vereinigt. Gleich darauf endet die Rinne an einem Felsspalt, einem gähnenden Schlund, der in den Ostkamin einmündet. Er wird in einer kurzen Linkskehre auf schmalem Felsband umgangen, das nach wenigen Metern zur Scharte führt.
Der schwierigste Teil unseres Unternehmens liegt nun hinter uns. Über gut gestufte Schrofen und niedrige Absätze, die wegen der Geröllauflage vorsichtiges Gehen erfordern, steigen wir die etwa 35 Höhenmeter zum großen Steinmann auf dem Hermannskarturm auf. Von hier können wir gut die

Hermannskarspitze und -turm über dem nebelverhangenen Lechtal vom Großen Krottenkopf

Aufstiegsroute zur Hermannskarspitze, unserem nächsten Gipfelziel, überblicken. Sie umgeht den Felsaufschwung an der Scharte links und verläuft dann in den Grasschrofen rechts vom Grat.

Zur Scharte zurückgekehrt gehen wir auf einem guten fast horizontalen Band einige Meter nach links zu einer Rinne, die zu einem kleinen Geröllabsatz leitet. Hier gibt es für die Fortsetzung zwei Möglichkeiten: Wir können entweder der Rinne noch ein Stück weiter folgen und dann nach rechts zum Grat hinaufklettern (II), wo wir auf die erwähnten Grasschrofen treffen oder auf dem Geröllabsatz nach rechts queren und die Grasschrofen schon etwas tiefer erreichen. Wir gelangen ohne Schwierigkeit zu einer schmalen, rechts von einer Felsplatte begrenzten Rinne, die zum südlichen Vorgipfel führt. Von hier geht es über Geröll zum ganz nahen höchsten Punkt der Hermannskarspitze. Eindrucksvoll ist vor allem der Blick auf den steilen Südgrat der Marchspitze, der sich über der Putzscharte aufbäumt.

Die günstigste Fortsetzung unserer Tour ist der Abstieg über den Nordgrat. Sie vermeidet die Rinne, und man lernt etwas Neues kennen. Der im ganzen wenig geneigte Nordgrat ist leichter als der Abstieg in der Rinne, die schrofferen Gratabschnitte können ohne Schwierigkeit auf Geröllbändern umgangen werden. Einige kurze Stufen erfordern leichte Kletterei. Zunächst bleiben wir unmittelbar am Grat, eine drei Meter hohe Stufe wird an guten Griffen in eine Einschartung abgeklettert und jenseits gleich wieder zur Grathöhe aufgestiegen. Es folgt ein tieferer Abbruch über einem kleinen Geröllkessel. Er wird mittels einer nach links hinabziehenden Rippe und eines kurzen Bandes umgangen. Vom Geröllkessel steigen wir in einer Rinne auf ein breites Band ab, das links unterhalb des hier zerrissenen Grats verläuft. Dieses Band, das sich in schmalen Geröllbändern fortsetzt, leitet ohne Schwierigkeit zum Ende des Grats dicht vor der Putzscharte, die wir jedoch nicht betreten. Hier wechseln wir auf die Ostseite und steigen über Schrofen zu dem von der Putzscharte herabkommenden Geröllhang ab. Er bildet die einzige vernünftige Abstiegsmöglichkeit ins Birgerkar. Lassen Sie sich keinesfalls auf den kürzer aussehenden Abstieg über die weiter rechts hinabziehenden Hänge ein, sie brechen über dem Kar steil ab. – Am Karboden treffen wir auf einen von der Marchscharte kommenden nicht instand gehaltenen, auf der Alpenvereinskarte Allgäuer Alpen Westblatt von 1984 fälschlich mit „Düsseldorfer Weg" bezeichneten Pfad, der in fünf Minuten zum Verbindungsweg Kemptner Hütte – Hermann-von-Barth-Hütte führt. Hier können wir zur Hütte zurückkehren oder, wie bei Tour ⑤ beschrieben, durchs Bernhardstal nach Elbigenalp absteigen. Der kleine abkürzende rot markierte Steig beginnt einige Meter links.

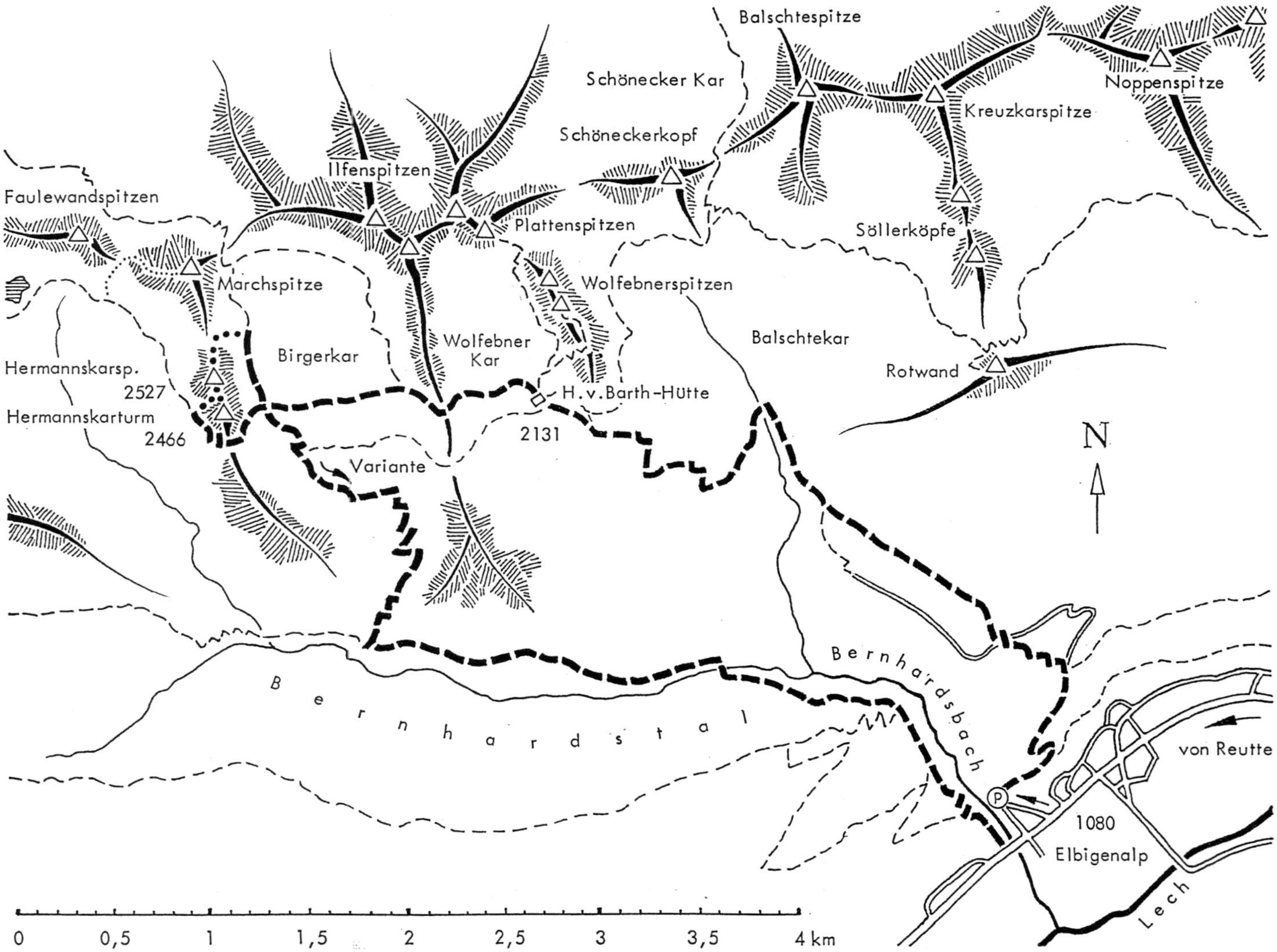
Balschtespitze
Schönecker Kar
Noppenspitze
Kreuzkarspitze
Schöneckerkopf
Ilfenspitzen
Faulewandspitzen
Plattenspitzen
Söllerköpfe
Marchspitze
Wolfebnerspitzen
Wolfebner Kar
Birgerkar
Balschtekar
Hermannskarsp.
2527
Rotwand
H.v.Barth-Hütte
Hermannskarturm
2466
2131
N
Variante
Bernhardstal
Bernhardsbach
von Reutte
P
1080
Elbigenalp
Lech
0
0,5
1
1,5
2
2,5
3
3,5
4 km

Hermannskarturm und Hermannskarspitze

Tourenprofil mit Gehzeiten (Stunden)

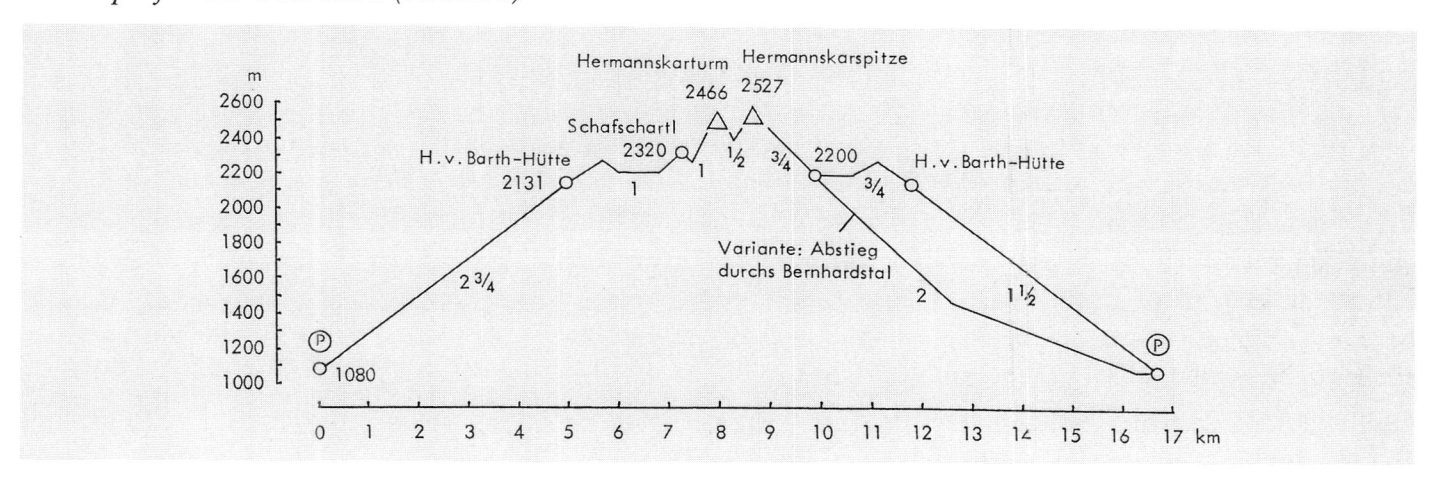

Tourendaten

Ausgangsort:	Elbigenalp, Lechtal — 1080 m
Stützpunkt:	Hermann-von-Barth-Hütte — 2131 m
Gipfel:	Hermannskarturm 2466 m — Hermannskarspitze 2527 m
Steighöhen und Gehzeiten:	Von Elbigenalp zur Hütte: 1060 m — 2½ bis 2¾ Stunden
	Von der Hütte zu beiden Gipfeln und zurück: 690 m — 4 bis 4½ Stunden
	Von der Hütte zu beiden Gipfeln und Abstieg durchs Bernhardstal: 590 m — 5 bis 5½ Stunden
	Abstieg von der Hütte: 1½ bis 1¾ Stunden
Charakter:	Eine schöne, sehr abwechslungsreiche Tour auf zwei markante, selten bestiegene Gipfel, die Kletterfertigkeit (einige Stellen II) und Übung in steilem Geröll verlangt. Bis zum Einstieg in den Gipfelkörper gute markierte Wege. Von der Hütte mit Abstieg durch das reizvolle Bernhardstal bequeme Tagestour.

⑦
Nördliche und Südliche Ilfenspitze

Die beste Orientierungsmöglichkeit für die Besteigung der Ilfenspitzen bietet die Marchspitze. Das am Gipfel aufgenommene Bild zeigt die beiden unmittelbar im Hauptkamm der Hornbachkette liegenden Ilfenspitzen und den nach Süden abstrahlenden zerrissenen Zweiggrat über dem Birgerkar. Auffallend ist die genau parallel verlaufende schräge Schichtung, der wir auch die leichtesten Anstiege verdanken. Man sieht vier voneinander abgesetzte Felserhebungen. Die zweite von links ist die Nördliche (eigentlich Nordwestliche), die dritte die Südliche (eigentlich Südöstliche) Ilfenspitze. Die Südliche Ilfenspitze erhebt sich zwischen zwei tief eingeschnittenen, schräg nach links hinaufziehenden Rinnen. Die linke vermittelt den Aufstieg zur Nördlichen, die rechte den Aufstieg zur Südlichen Spitze. Den Zugang zu den Rinnen bildet der deutlich erkennbare auf etwa halber Höhe der Felsflanke eingelagerte breite Absatz, den man aus dem Birgerkar von der am weitesten hinaufreichenden Geröllzunge und dann über Schrofen ansteigend gewinnt. Mit diesen Vorkenntnissen können wir die Sache erfolgversprechend angehen. Ich hatte bei der ersten Besteigung der Ilfenspitzen im August 1985 diese Orientierungshilfe noch nicht zur Verfügung und habe mich prompt verstiegen.
Von der Hermann-von-Barth-Hütte folgen wir dem Weg Richtung Kemptner Hütte, von dem nach Überschreiten des südlichen Ausläufers der Ilfenspitze und kurzem Abstieg auf felsigen Bändern der Weg zur Marchscharte abzweigt (rote Kennzeichnung DW – Düsseldorfer Weg). Er führt an Geröllhängen entlang in den hinteren Boden des Birgerkars. Wir verlassen ihn, bevor er sich nach Westen zur Scharte wendet, im Bereich eines großen Blocks mit Markierungspunkt und steigen im Geröll zu einer Pfadspur auf, die an einen mäßig steilen von kleinen Felsrippen durchsetzten Rücken heranführt. Hier klettern wir in Schichtrinnen und über die gutgestuften Rippen, immer die leichtesten Durchstiegsmöglichkeiten suchend, in Richtung auf die Einschartung zwischen den beiden Ilfenspitzen empor (I). Eine genaue Route läßt sich hier nicht angeben. Die Geländestruktur erlaubt viele Varianten. Wir erreichen den Geröllabsatz genau am Fußpunkt der Rinne, die von der Scharte herabzieht. Sie läuft unten in zwei Ästen aus. Wir benützen den hinter einem Felsgrat versteckten rechten Ast, der ganz schmal und gut gestuft hinaufleitet, sich oberhalb des Felsgrats mit dem linken Ast vereinigt und nun in einer breiten Rinne über geröllbedeckte Schrofen etwas mühsam zur Scharte führt. Der Aufstieg im linken Ast ist wegen einer steilen Plattenstufe unterhalb der Vereinigung schwieriger. Von der Scharte gelangen wir in leichter Schrofenkletterei auf den Gipfel der Nördlichen Ilfenspitze.

Die Ilfenspitzen von der Marchspitze. Man erkennt die schräge Schichtung und die Anstiegsrinnen

Auf der Anstiegsroute kehren wir zum Rinneneinstieg zurück und gehen nun auf dem Geröllabsatz, der sich stellenweise schmal zusammenschnürt und vorsichtiges Gehen erfordert, etwa 100 Meter zu einer kleinen nach Süden steil abbrechenden Schulter. Hier beginnt die sehr enge, rechts von einer weit überhängenden Wand begrenzten Rinne, die von der südseitigen Scharte des Südgipfels herunterkommt. Sie ist ganz ähnlich beschaffen wie die Rinne zur nördlichen Spitze, die kleinen Stufen lassen

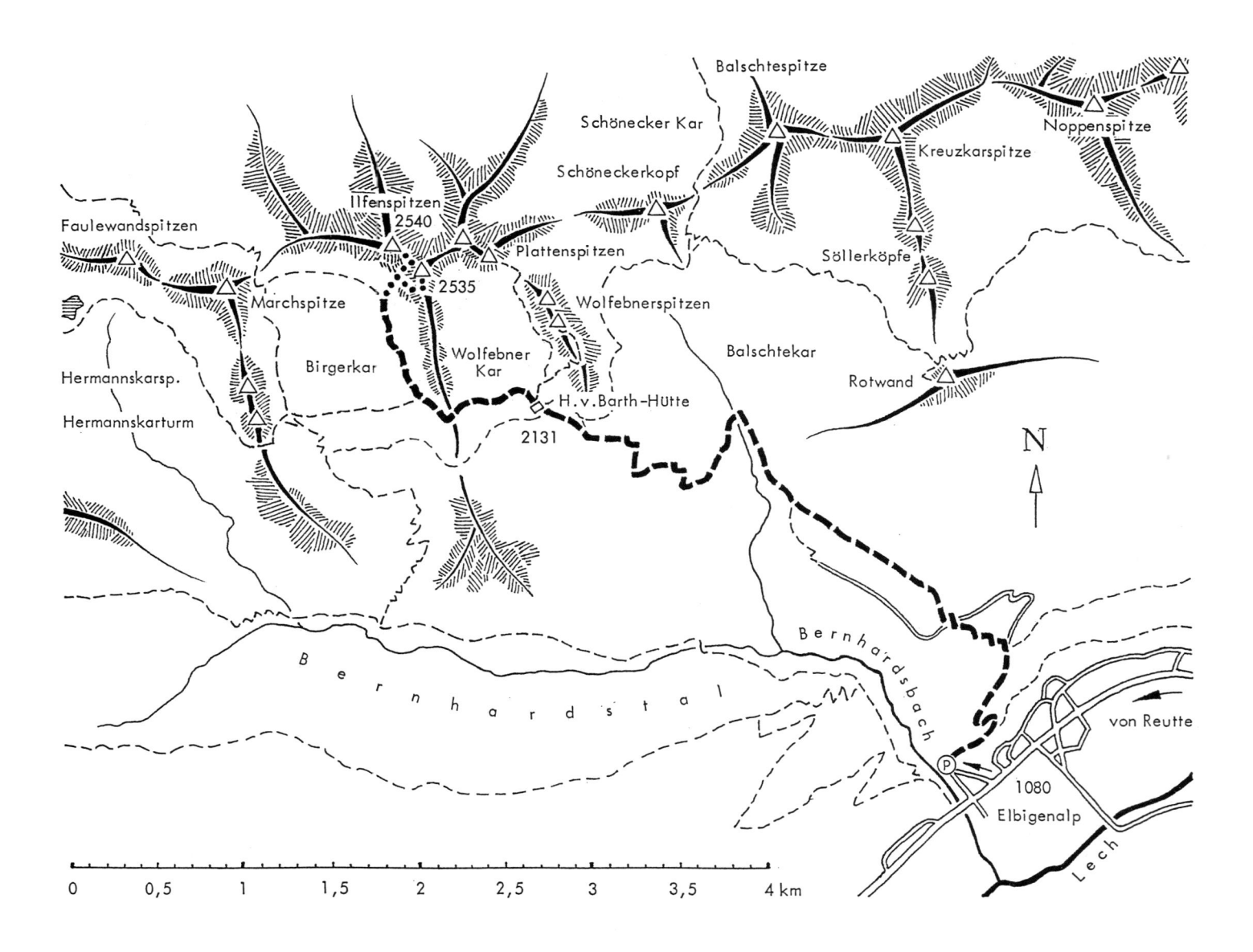

Nördliche und Südliche Ilfenspitze

sich leicht erklettern, man kann mitunter vorteilhaft Tritte in der linken Begrenzungswand einbeziehen und gelangt ohne Schwierigkeit zur Scharte und über den Südrücken auf den Gipfel. – Zurück zum Weg im Birgerkar auf der Anstiegsroute, wobei vor allem in der Rinne und in den Schrofen unterhalb des Geröllabsatzes trittsicheres Gehen wichtig ist.

Tourenprofil mit Gehzeiten (Stunden)

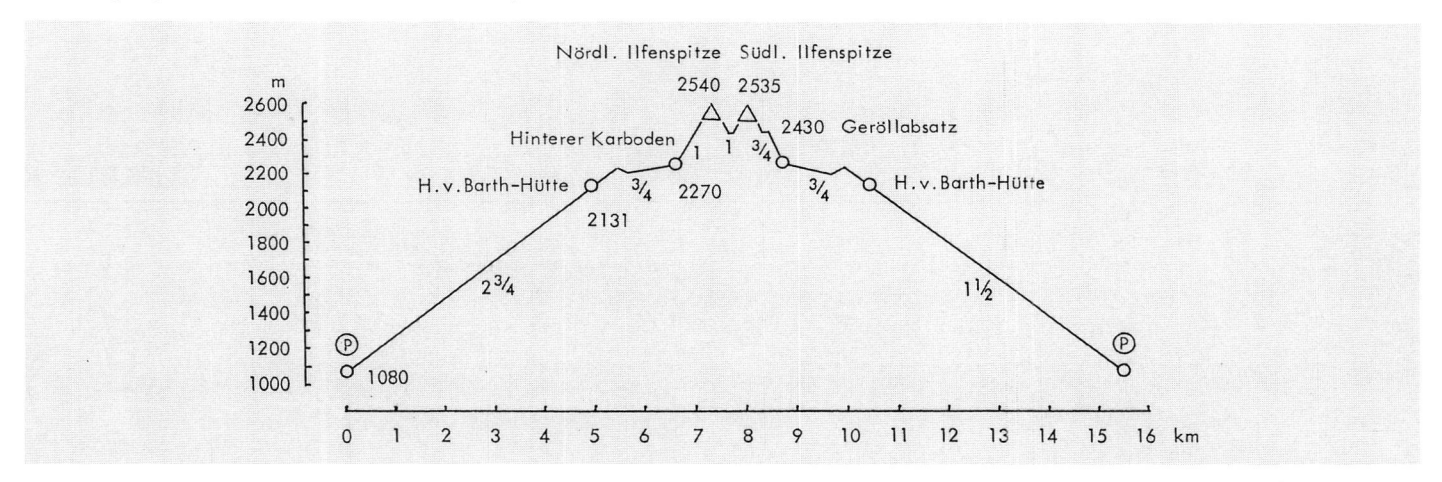

Tourendaten

Ausgangsort:	Elbigenalp, Lechtal – 1080 m
Stützpunkt:	Hermann-von-Barth-Hütte – 2131 m
Gipfel:	Nördliche Ilfenspitze 2540 m – Südliche Ilfenspitze 2535 m
Steighöhen und Gehzeiten:	Von Elbigenalp zur Hütte: 1060 m – 2½ bis 2¾ Stunden
	Von der Hütte zu beiden Gipfeln und zurück: 580 m – 4 bis 4½ Stunden
	Abstieg von der Hütte: 1½ bis 1¾ Stunden
Charakter:	Die Ilfenspitzen bieten von der Hütte eine interessante und lohnende Halbtagstour. Sie ist klettermäßig leicht (I), erfordert aber beim Aufstieg vom hinteren Boden des Birgerkars Übersicht im Schrofengelände und Trittfestigkeit. Schöner Ausblick auf die Gipfel der Hornbachkette, auf den Allgäuer Hauptkamm und die Lechtaler Alpen.

⑧ Östliche und Westliche Plattenspitze – Südliche Wolfebnerspitze

Die Wolfebnerspitzen von der Östlichen Plattenspitze. Unten rechts die Hermann-von-Barth-Hütte

Wenn man vormittags von Elbigenalp zur Hermann-von-Barth-Hütte aufgestiegen ist, um vielleicht am nächsten Tag die Marchspitze oder die Ilfenspitzen zu besteigen, dann ist der Besuch der Plattenspitzen am Nachmittag genau das Richtige. Im Gegensatz zur Südlichen Wolfebnerspitze, dem „Hüttenberg", der ein sehr beliebtes, gleichfalls lohnendes Gipfelziel ist, werden die Plattenspitzen viel weniger bestiegen, obwohl die Östliche Plattenspitze leichter und ebenso schnell erreichbar ist wie die Südliche Wolfebnerspitze.

Von der Hütte benützen wir ein Stück den gelb markierten Weg zur Wolfebnerspitze, von dem nach 15 Minuten ein schmaler Pfad abzweigt, der unmittelbar am Rand der Wände ins hintere Wolfebnerkar zum Fuß einer breiten, von der Wolfebnerscharte herabkommenden Rinne leitet. Hier geht es in einer markierten, die günstigsten Stellen benützenden Steigspur auf Geröll- und Schrofentritten etwas mühsam zur Scharte hinauf und dann, an einer Rippe und am Schlußwandl seilversichert, zum Ostgipfel. Er bietet einen eindrucksvollen Blick auf die doppelgipflige Wolfebnerspitze mit ihrer ungemein steil abfallenden Westwand.

Der Übergang zur Westlichen Plattenspitze erfordert leichte Kletterei (I) und wegen der Geröllauflage vorsichtiges Gehen. Die kleine Stufe an der Gipfelkrone kann man in einer kurzen Rechtskehre oder besser an dem griffigen Sporn zwei Meter nach links ausholend und dann auf schmalem Band nach rechts querend abklettern. Das anschließende Gratstück wird auf einem dicht unterhalb der Gratfelsen verlaufenden Geröllband, dann auf einem weiteren etwas tiefer liegenden, durch eine gutgestufte Rinne erreichbaren Band umgangen. Darauf folgt man ein kurzes Stück dem Grat bis zu einem Felskopf, den man auf schmalem Band umgeht. Es führt in ein Schartl mit einem markanten Türmchen. Ausgesetzte Tritte leiten daran vorbei zur Scharte vor dem Westgipfel, den man über Schichtschrofen und Geröll nun rasch erreicht. Auch von hier bietet der schroffe Felsaufbau der Wolfebnerspitzen einen faszinierenden Anblick. Beeindruckend sind auf der Westseite die Wandabbrüche der Ilfenspitzen und die scharfe, sehr schwierig zu begehende Gratschneide, die von der Westlichen Plattenspitze zum Südgipfel der Ilfenspitzen hinüberschwingt. – Auf dem Anstiegsweg steigen wir zur Hütte ab.

Falls Sie die Wolfebnerspitze noch nicht kennen: Lohnend ist die Besteigung des Südgipfels auf der Normalroute jedenfalls. Schwindelfreiheit und etwas Kletterfertigkeit sind hier gefragt. Von den Plattenspitzen kommend steigt man an der Wegteilung zur Scharte unterhalb der bei Kletterern sehr beliebten Südostkante auf. Von dort führt der Steig an der Ostseite des Bergkörpers in Schrofen und

Übergang von der Westlichen zur Östlichen Plattenspitze

Östliche und Westliche Plattenspitze – Südliche Wolfebnerspitze

Die Westliche Plattenspitze von der Östlichen. Dahinter die Ilfenspitzen

über ein plattiges Band, das vorsichtiges Gehen gebietet, und einen etwa zwei Meter tiefen Einschnitt mit kurzer Kletterstelle zur Scharte zwischen dem südlich vorgelagerten Felskopf und dem Hauptgipfel. Ein Tip für die letzten Höhenmeter: Statt in der glattstufigen Schichtrinne aufzusteigen, die besonders bei Nässe unangenehm ist, benützt man besser die gutgriffige Rippe links daneben, die leichter und rascher zum Ziel führt. Eigenartigerweise gilt die Rinne als Normalroute.

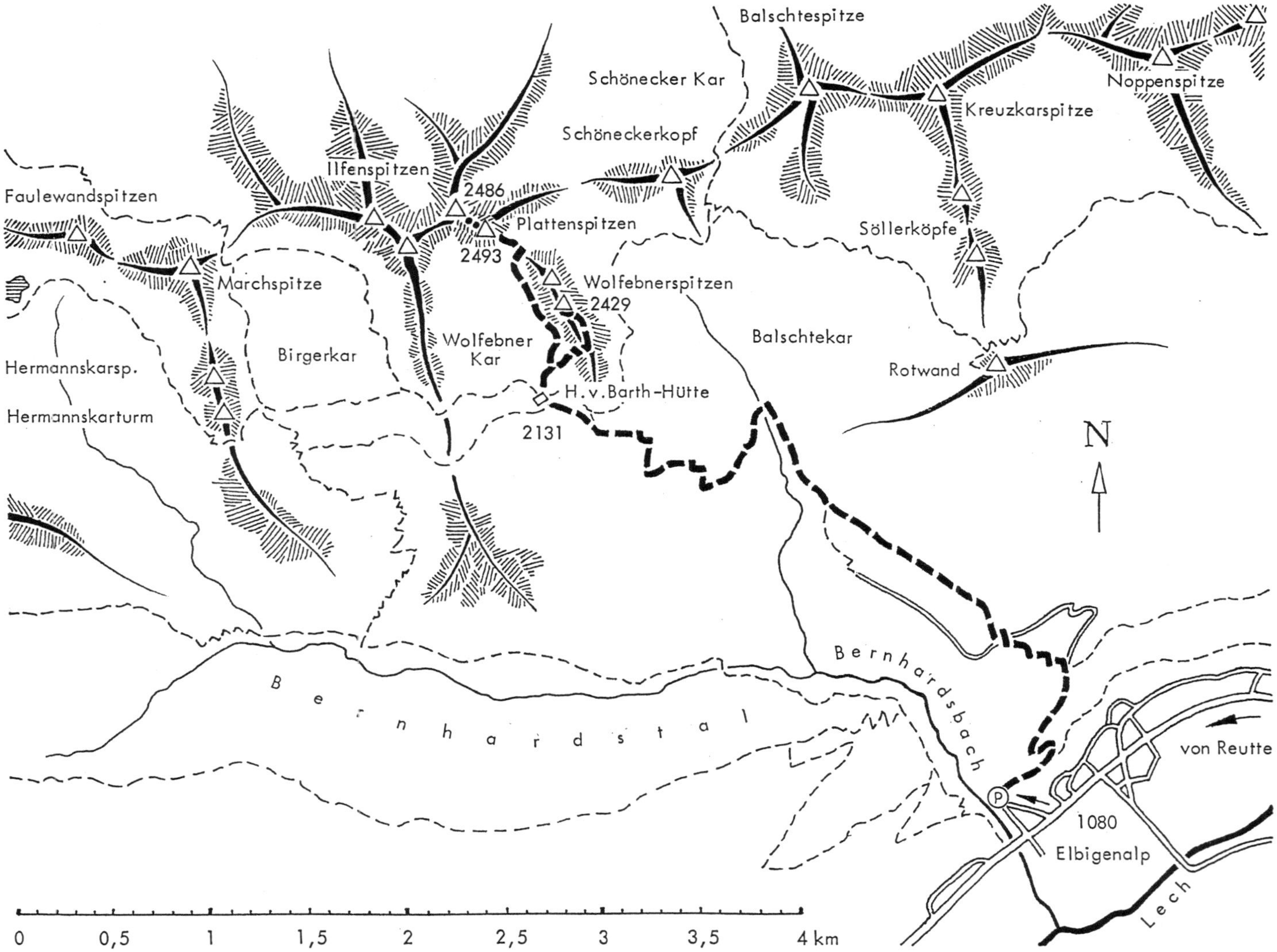

Östliche und Westliche Plattenspitze – Südliche Wolfebnerspitze

Tourendaten

Ausgangsort:	Elbigenalp, Lechtal – 1080 m	
Stützpunkt:	Hermann-von-Barth-Hütte – 2131 m	
Gipfel:	Östliche Plattenspitze 2486 m – Westliche Plattenspitze 2493 m – Südliche Wolfebnerspitze 2427 m	
Steighöhen und Gehzeiten:	Von Elbigenalp zur Hütte:	1060 m – 2½ bis 2¾ Stunden
	Von der Hütte zu den Plattenspitzen und zurück:	380 m – 2 bis 2½ Stunden
	Mit Südlicher Wolfebnerspitze:	580 m – 3½ bis 4 Stunden
	Abstieg von der Hütte:	1½ bis 1¾ Stunden
Charakter:	Auf die Plattenspitzen kurze lohnende Tour ohne nenneswerte Schwierigkeiten mit imposanten Nahblicken auf Wolfebner- und Ilfenspitzen. Bis zum Ostgipfel markierter Steig. Der Übergang zum Westgipfel in leichten Schrofen und auf Geröllbändern erfordert sicheren Tritt. Die Besteigung der Südlichen Wolfebnerspitze (Steig) ist etwas anspruchsvoller. Schwindelfreiheit und ein wenig Kletterfertigkeit sind hier gefragt.	

Tourenprofil mit Gehzeiten (Stunden)

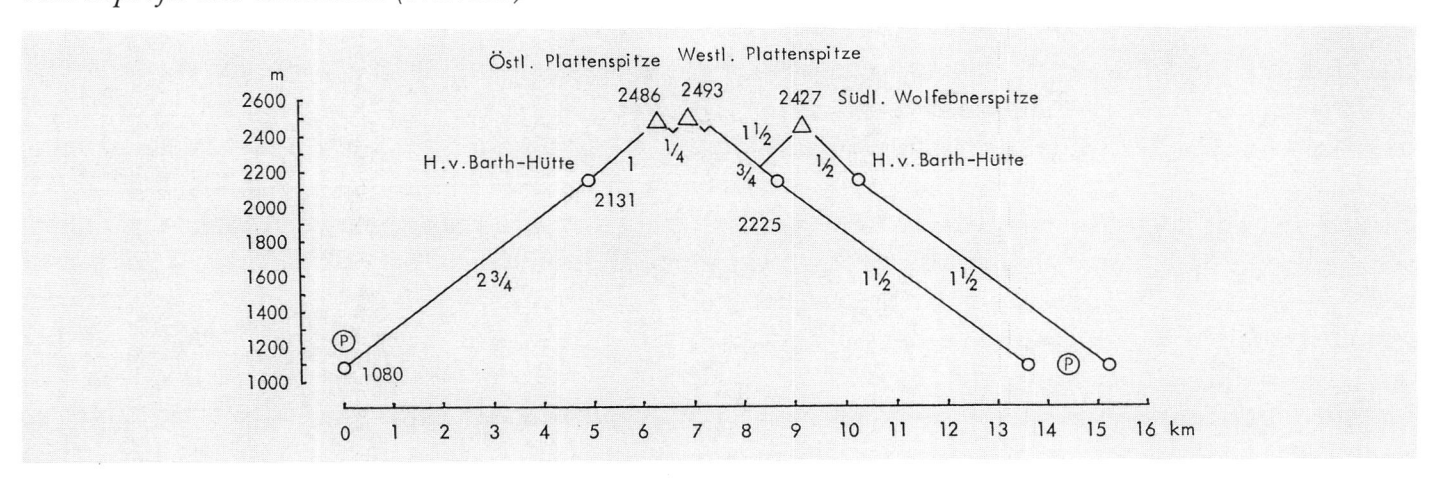

⑨ Wolekleskarspitze und Hintere Jungfrauspitze

Die Wolekleskarspitze gehört zu den selten bestiegenen Gipfeln der Hornbachkette. Obwohl sie etwas niedriger ist als ihre Nachbarn, bietet sie doch sehr schöne Aussicht, vor allem interessante Nah- und Tiefblicke und ist deshalb äußerst lohnend, zumal der Normalaufstieg aus dem Wolekleskar verhältnismäßig leicht und als Tagestour vom Lechtal aus gut zu bewältigen ist. Der aus der Kette wenig hervortretende Gipfel entsendet vier scharfe Grate, von denen der Wolekleskar und Gliegerkar trennende Südostgrat sehr schwierige Kletterei erfordert, während der vom westlichen Vorgipfel ins Hornbachtal streichende immerhin 600 Meter hohe Nordwestgrat offenbar überhaupt noch keine Begehung aufweist. Dieser Grat zeigt sich sehr eindrucksvoll von der Bretterkarspitze (Tour ⑩). Das markante Mittelstück des 1944 erstmals durchstiegenen Südostgrats bilden die drei Jungfrauspitzen, deren höchste, die Hintere Jungfrauspitze, seit 1983 durch einen seilversicherten Klettersteig – nur für Geübte – zugänglich ist. Bei unserer Tour auf die Wolekleskarspitze können wir einen Abstecher dorthin machen. Auf diese Besteigungsmöglichkeit komme ich später zurück.
Ausgangsort für die Besteigung der Wolekleskarspitze ist Häselgehr im Lechtal. Hier parkt man entweder auf dem geräumigen Platz gegenüber dem Gasthof Sonne oder auf einem Wiesenplatz, den man hinter der Kirche abbiegend auf schmaler Asphaltstraße, zuletzt auf einem Schotterfahrweg erreicht. Das spart ein paar Minuten Gehzeit. Vom Gasthof Sonne führt ein breiter Weg sanft ansteigend durch die Wiesen, wendet sich dann nach rechts und trifft kurz danach auf den Wiesenparkplatz und den hier beginnenden, rot-weiß markierten Weg ins Haglertal. An der kleinen, von Juli bis Mitte September bewarteten Haglertalhütte vorbei, die Getränke und einen Imbiß bietet, zieht der Weg mäßig steigend durch das langgestreckte gewundene Hochtal, links vom steil aufragenden Rücken des Häselgehrbergs mit dem kreuzgeschmückten Pfeiler begleitet. Wir erreichen eine beschilderte Abzweigung, den Aufstieg ins Gliegerkar und zur Bretterspitze – hier kommen wir später zurück – und streben dann dem Talschluß zu. Unterhalb des Luxnacher Sattels wendet sich unser Weg nach rechts, wir betreten die welligen, nur wenig ansteigenden Ausläufer des Sattelkars mit Blick auf die wuchtigen Felsen des Noppenspitz-Südostgrats und, um den letzten Abbruch des Südostgrats der Sattelkarspitze herum, das Wolekleskar, den Zugang zu unserem Gipfelziel. Hier verlassen wir den Weg und gehen

Auf dem Gipfel der Wolekleskarspitze ist man inmitten einer faszinierenden Felslandschaft

über einen niedrigen Querrücken in das flache, etwas eingesenkte und meist schneebedeckte Karbekken und dann im Geröll ansteigend zum hintersten Ende des Kars, über dem die dunkle Gipfelkrone der Wolekleskarspitze aufragt. Es gilt nun, zum Südostgrat rechts vom Gipfel aufzusteigen. Zunächst geht es auf Grastritten und gutgestuften Schrofen noch ein Stück in Richtung des Gipfels, dann wenden wir uns nach rechts der Grathöhe zu, die wir, immer die leichtesten Durchstiege benützend, ohne Schwierigkeit erreichen. Ein harmloser Rücken leitet an den Felsaufbau heran, wo Bänder unterhalb der Gipfelwand zu einer kleinen Nische führen. Am besten begehbar ist das oberste Plattenband, zu dem man auf festen Tritten aufsteigt. Auch das darunterliegende, mehr geröllige Band ist gangbar. Von der Nische zieht ein kurzer enger Kamin mit guten Griffen – die Schlüsselstelle, II – unmittelbar zum Gipfeldach. Dort gelangen wir über Geröll und plattige Schrofen in wenigen Minuten zum höchsten Punkt. Der Erstbesteiger v. Cube kletterte 1900 allerdings nicht durch den Kamin, sondern umging den Gipfelfels auf abschüssigem Geröll links und stieg dann von Westen auf den Gipfel. Das vermeidet zwar die kleine Kletterstelle, ist wegen der Geröllquerung aber unangenehm. Schauen Sie sich doch selbst an, was Ihnen mehr zusagt. Ich ziehe den Kamin vor.
Der Ausblick auf die Nachbargipfel der Hornbachkette ist eindrucksvoll. Steil türmt sich im Nordosten die Gliegerkarspitze empor mit dem niedrigeren Ostgipfel, über den der Normalanstieg führt. Rechts daneben beherrschen Bretterspitze und Urbeleskarspitze das Blickfeld. Im Südwesten steht die zerklüftete Sattelkarspitze, rechts flankiert von der Noppenspitze. Die Sattelkarspitze zählt für mich zu den unangenehmsten Gipfeln der Allgäuer Alpen. Der technisch wohl leichteste Aufstieg über den auf die Wolekleskarspitze weisenden Nordostgrat (II) in äußerst brüchigem Schrofengelände ist heikel.
Genau auf der Anstiegsroute, oben durch den kurzen Kamin, steigen wir ins Wolekleskar und zum Weg ab. Am schönsten ist es, statt auf dem Anstiegsweg in ausholendem Bogen durchs Gliegerkar zurückzukehren. Das ist nicht weiter als der Rückweg über den Talschluß unterhalb des Luxnacher Sattels und man lernt etwas Neues kennen. Zudem bietet diese Route die interessante Möglichkeit, noch die Hintere Jungfrauspitze zu besuchen. Wir folgen dem markierten Weg nach links, der um den felsigen Ausläufer des Südostgrats der Wolekleskarspitze herum ins Gliegerkar zieht. Nach zwanzig Minuten, mitten im Kar, zweigt nach links der beschilderte Weg zur Hinteren Jungfrauspitze ab. Dieser durchaus lohnende Abstecher ist allerdings nur Geübten zu empfehlen. Den seilversicherten sehr ausgesetzten Klettersteig sollte nur begehen, wer den Schwierigkeitsgrad II sicher beherrscht und absolut schwindelfrei ist. – Eine rote Markierung leitet ins Kar hinein und dann nach links unmittelbar am Rand der Felsen zu einer scharf eingeschnittenen Scharte. Hier beginnt der kurze, nur 20 Meter hohe Klettersteig mit einem bis zum Gipfelkamm durchlaufenden Drahtseil. Am schwierigsten ist der kleingriffige fast senkrechte Aufschwung über der Scharte. Das Gipfelbuch am Metallkreuz vom Juli

Wolekleskarspitze und Hintere Jungfrauspitze

1983 zeigt, daß die Hintere Jungfrauspitze selten bestiegen wird. Übrigens ist die Höhenangabe 2452 m im Gipfelbuch nicht richtig. Diese Höhe dürfte für die nordwestlich benachbarte Graterhebung gelten. Die Höhe beträgt nach meiner Messung 2395 Meter. — Der Aufstieg von der Scharte dauert je nach Kletterfertigkeit fünf bis zehn Minuten, für den ganzen Abstecher vom Weg im Gliegerkar muß man mit etwa einer Stunde rechnen.

Wir folgen nun dem Weg im Gliegerkar weiter, steigen auf dem nach einigen Minuten abzweigenden beschilderten und markierten Pfad ins Haglertal ab und kehren dort nach Häselgehr zurück.

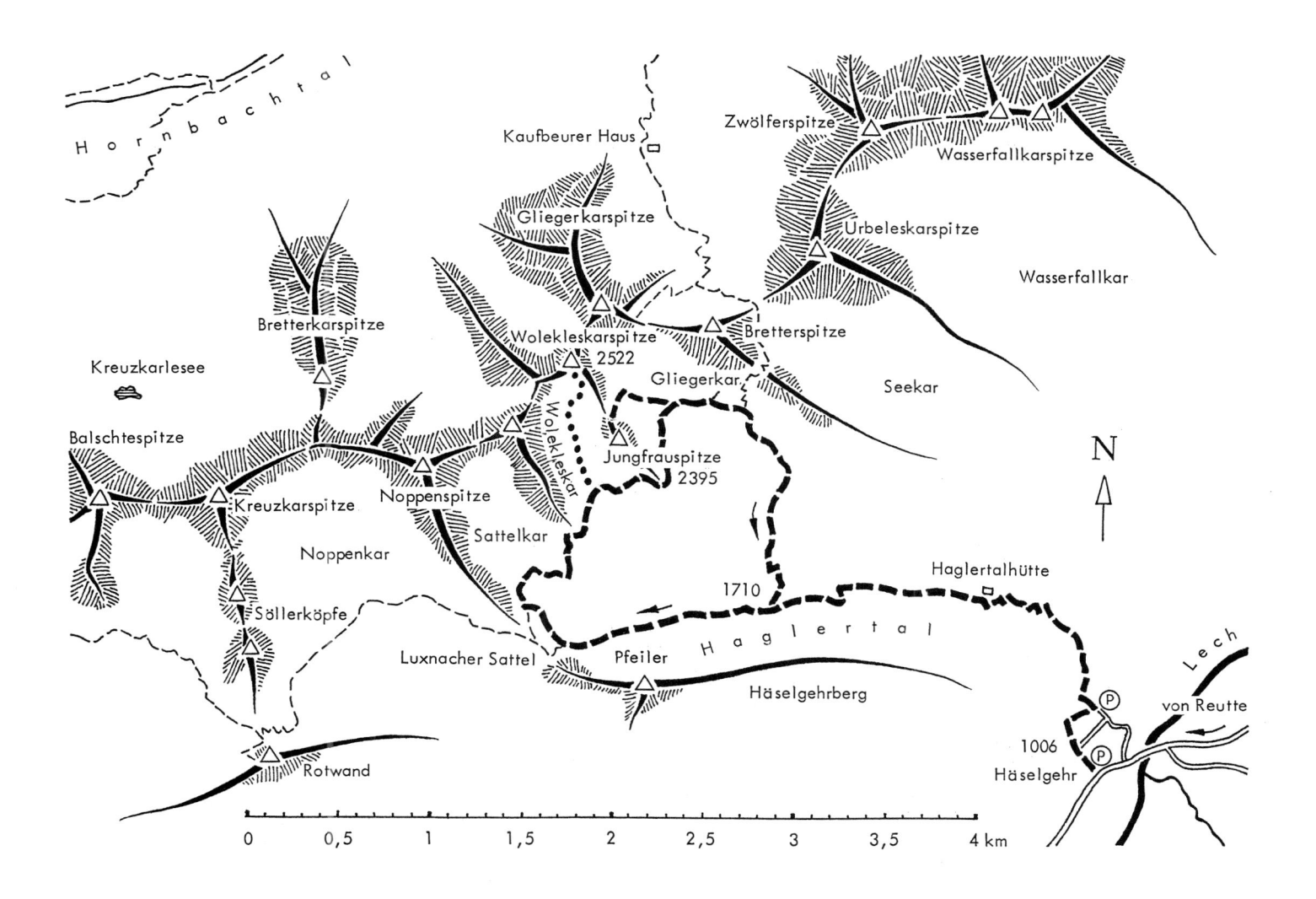

Abstieg auf dem Plattenband an der Gipfelkrone der Wolekleskarspitze

Wolekleskarspitze und Hintere Jungfrauspitze

Tourendaten

Ausgangsort:	Häselgehr im Lechtal – 1006 m
Gipfel:	Wolekleskarspitze 2522 m – Hintere Jungfrauspitze 2395 m
Steighöhen und Gehzeiten:	Nur Wolekleskarspitze: 1600 m – 7 bis 7½ Stunden
	Wolekleskarspitze und Jungfrauspitze: 1750 m – 8 bis 8½ Stunden
Charakter:	Eine trotz des langen Anmarschs durchs Haglertal sehr lohnende Tour auf einen der einsamsten Gipfel der Allgäuer Alpen, die Trittsicherheit und an der Gipfelkrone (Schlußkamin) Kletterfertigkeit (II) erfordert. Schöne Nahblicke auf die steilfelsigen Nachbarn. – Auf dem Rückweg Möglichkeit zur Besteigung der Hinteren Jungfrauspitze. Der kurze seilversicherte Klettersteig am Grat ist steil und sehr ausgesetzt (II) und verlangt absolute Schwindelfreiheit.

Tourenprofil mit Gehzeiten (Stunden)

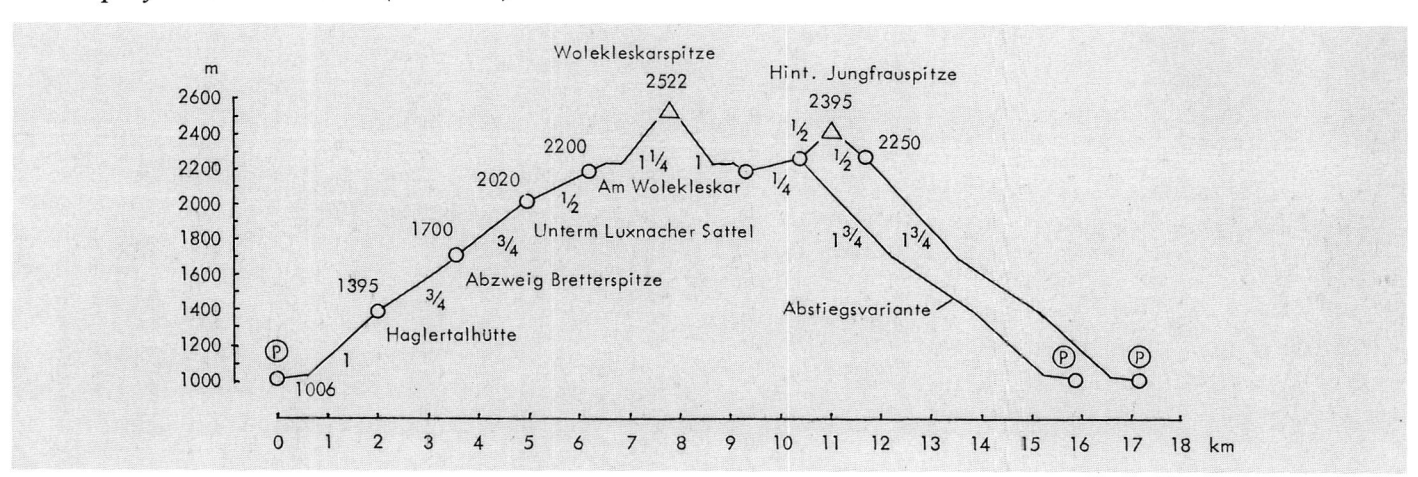

⑩ Schreierkopf und Bretterkarspitze

Wenn Sie eine ganz ausgefallene, kaum je begangene sehr hübsche Tour in den Allgäuer Alpen kennenlernen wollen, dann ist die Besteigung von Schreierkopf und Bretterkarspitze gerade das richtige. Diese beiden der Hornbachkette nördlich vorgelagerten Gipfel sind zwar nicht sehr hoch, doch ist die Tour von großem landschaftlichen Reiz. Weder im Alpenvereinsführer noch in der Bergliteratur über die Allgäuer Alpen sind diese Berge zu finden, und, Hand aufs Herz, haben Sie schon von ihnen gehört? Dabei bieten sie aus dem Hornbachtal einen durchaus eindrucksvollen Anblick. Der Aufstieg zum Schreierkopf auf Wegen und Pfadspuren ist ohne Schwierigkeit und auch für sich allein lohnend, während der weglose Übergang von dort zur Bretterkarspitze (nicht zu verwechseln mit der Bretterspitze) an Orientierungssinn und Trittsicherheit einige Ansprüche stellt. Er ist nicht schwierig (I), wenn man sich an die beschriebene Route hält.

Ausgangsort ist Hinterhornbach, das romantisch gelegene Dörfchen im Hornbachtal, das man über Füssen oder Pfronten, Reutte, dort ins Lechtal und hinter Stanzach von der Lechtalstraße abbiegend erreicht. Ein kleiner Parkplatz befindet sich vor dem Ortsende auf der anderen Seite des Hornbachs. Hier beginnt der breite, anfangs asphaltierte Forstweg ins Hornbachtal. Links steigt über einem steilen Waldrücken die Bretterkarspitze empor. Gerade vor uns bilden Krottenspitze, Öfnerspitze und Marchspitze den markanten Talschluß. Auf der rechten Talseite begleitet uns der lange Kanzbergkamm. Nach vierzig Minuten biegt der breite Talweg nach rechts ab und überquert den Hornbach. Unser Aufstiegsweg bleibt auf der linken Bachseite (Schild Schöneckerscharte) und führt nun schmal am Bach entlang und bald darauf steil in vielen Kehren im Wald empor. Er passiert hier einen starken Windbruch, doch war der Weg bei meiner letzten Begehung Ende Juli 1990 so weit freigesägt und hergerichtet, daß man zwar etwas mühsamer als normal, aber doch problemlos aufsteigen konnte. Am oberen Ende der Kehren beginnt eine lange aussichtsreiche Querung auf Grasterrassen hoch über der Faulewand, einem Steilabbruch ins Hornbachtal. In weitem Bogen führt unser Steig um den steilflankigen Gipfelaufbau des Schreierkopfs herum, überschreitet eine markante, besonders scharf eingeschnittene Runse – das im Frühsommer 1990 an dieser Stelle abgerutschte Wegstück wird links oberhalb auf Trittspuren umgangen – und zieht schließlich zu der nun sichtbaren Schöneckerscharte zwischen Schöneckerkopf und Balschtespitze hinauf. Wir folgen ihm jedoch nur bis an den Rand eines Blockfeldes und wenden uns hier nach links, um auf einer schwach erkennbaren Pfadspur zur Scharte rechts vom Schreierkopf, der Kreuzkarscharte, emporzusteigen. Der teils grasige, teils geröllige Hang ist nicht steil, so daß der Aufstieg zur Scharte auch ohne die Pfadspur keine Schwierigkeiten macht. Von dort erreichen wir über den breiten Südrücken in zehn Minuten den Schreierkopf.

Ein prächtiges Gebirgspanorama erwartet uns. Über dem Hornbachtal tief unter uns, das wir bis Hinterhornbach verfolgen können, ragen Rauheck und Muttekopf auf, rechts dahinter Jochspitze und Wildengruppe mit dem langen Verbindungskamm zum Hochvogel über dem Kanzberg. Der Blick nach Süden und Südosten ist durch die gezackten Felsgipfel der Hornbachkette begrenzt. Besonders wichtig für uns im Hinblick auf die Fortsetzung unserer Tour ist die Aussicht nach Osten, denn da steht wuchtig über dem Kreuzkarle mit seinem winzigen blaugrünen See die Bretterkarspitze, mit dem Hauptkamm der Hornbachkette durch einen zerklüfteten, nur wenig eingesenkten Grat verbunden. Sicher wird es Ihnen, wenn Sie auf dem Schreierkopf dieses Bild in sich aufnehmen, so gehen wie mir bei der ersten Besteigung im September 1988: Wie soll man da hinaufkommen? Doch es geht, besser als erwartet. Erforderlich sind allerdings Ausdauer – man muß für den Übergang mit zwei Stunden rechnen – und sicherer Tritt sowie ein bißchen Einfühlungsvermögen in die Geländestruktur. Da dann ja auch noch der Rückweg zu bewältigen ist, sollten Sie die Bretterkarspitze nur angehen, wenn noch mindestens sechs Stunden zur Verfügung stehen. Sonst steigen Sie auf dem Anstiegsweg in zwei Stunden nach Hinterhornbach ab.

Wenn Sie sich für den Übergang zur Bretterkarspitze entschließen, studieren Sie zunächst die Aufstiegsroute. Das weitläufige unter uns liegende Kreuzkarle wird von einem schwach ausgebildeten begrünten Rücken links vom See durchzogen, der den günstigsten Übergang vermittelt. Den grasigen flachen Kopf hinter dem See umgeht man links oder rechts und erreicht dann über die Geröllhalden des hintersten Kars mit möglichst wenig Höhenverlust den Einstieg am unteren Ende der schroffen Felsabbrüche. Der weitere Aufstieg geschieht auf den Grasterrassen, die von rechts nach links ansteigend am Rand der Felsen entlangziehen und in der tiefsten Kammeinsenkung, der Bretterscharte enden. Auf dem Bild ist das gut zu erkennen.

Wenn wir uns diese Routenführung eingeprägt haben, kann es losgehen. Wir steigen vom Schreierkopf auf dem Südrücken in die Kreuzkarscharte ab und treffen dort auf einen nach links am Hang entlangführenden Pfad, der auf den erwähnten Rücken hinüberleitet. An dem kleinen See und dem grasigen Kopf vorbei gelangen wir über Geröll zum Ansatz der untersten Grasterrasse. Hier finden sich deutliche Pfadspuren, vereinzelt auch Steinmänner, die ohne Schwierigkeit zur nächst höheren – auf dem Bild sonnenbeschienenen – Terrasse leiten. Von dort steigen wir über Geröll und leichte Schrofen in die breite im Bild beschattete Rinne ab, in der wir in leichter Kletterei den nächsten Grasabsatz gewinnen. Versuchen Sie nicht, den Abstieg in die Rinne in den Schrofen rechts davon zu umgehen. Das sieht anfangs machbar aus, doch endet der Versuch in Abbrüchen. – Auch am nächsten

Bretterkarspitze und Schreierkopf über dem Hornbachtal

Grasabsatz sind Pfadspuren zu erkennen, die immer am Rand der Felsen aufwärts führen, und wir erreichen schließlich auf gut zu begehenden schrofigen Bändern und Geröll den Grashang unterhalb der Bretterscharte und nach kurzem Anstieg die Scharte selbst. Von hier sind es nur wenige Minuten zum Steinmann am höchsten Punkt.
Die Aussicht nach Norden und übers Hornbachtal hinweg ist ähnlich wie die vom Schreierkopf, aber die Gipfel des mittleren Abschnitts der Hornbachkette sind nun nahegerückt. Die Felswände und Grate von Gliegerkarspitze, Wolekleskarspitze und Sattelkarspitze bilden im Osten eine eindrucksvolle Kulisse. Wir schauen geradewegs auf den langen, ins Bretterkar unter uns absinkenden 600 Me-

ter hohen Nordwestgrat der Wolekleskarspitze, von dem noch keine Begehung bekannt geworden ist; eine Herausforderung für tüchtige Kletterer. Im Süden blicken wir auf die Nordabstürze von Noppenspitze und Kreuzkarspitze.

Genau auf der Anstiegsroute steigen wir ins Kreuzkarle ab und zur Kreuzkarscharte auf. Von hier wandern wir auf dem schon bekannten Weg nach Hinterhornbach zurück.

Ich hatte ursprünglich an eine Abstiegsvariante unmittelbar aus dem Kreuzkarle gedacht, um beim Rückweg von der Bretterkarspitze den Gegenanstieg zur Kreuzkarscharte zu vermeiden und eine andere Route zu bieten. Vor vielen Jahren existierte ein in älteren Alpenvereinskarten noch eingezeich-

Die Bretterkarspitze, links, über dem Kreuzkarle

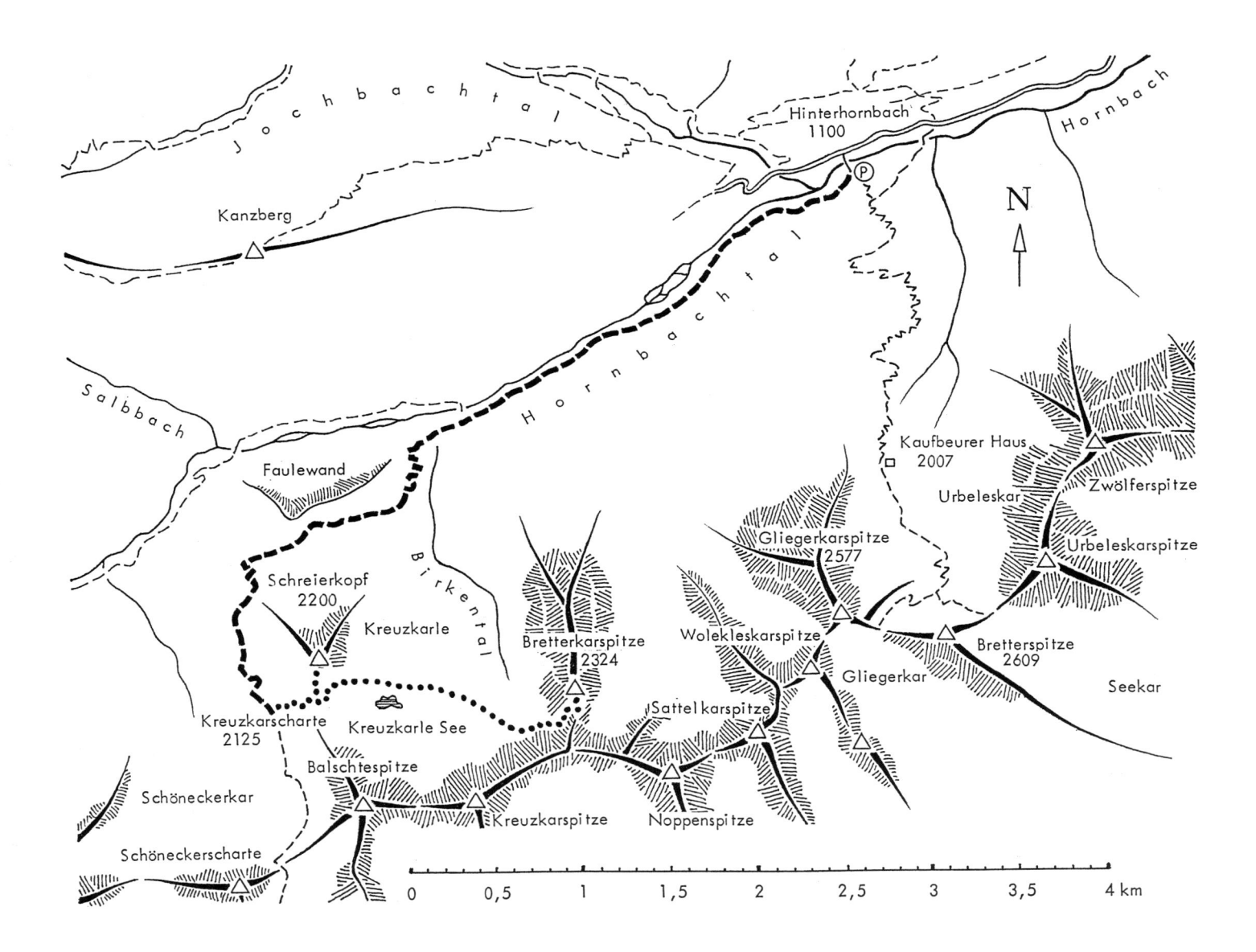

netes Steiglein, das im Kreuzkarle an einer heute verfallenen Hirtenhütte vorbei in das tief eingeschnittene Birkental hinabzog und dann an den Westhängen der Bretterkarspitze oberhalb der Talsohle geführt war. Es traf schließlich genau nördlich der Bretterkarspitze etwa zwei Kilometer vom Parkplatz in Hinterhornbach auf den breiten Talweg. Das wäre eine ideale Abstiegsvariante gewesen. Aber das Steiglein ist verfallen, kaum noch zu erkennen und nicht mehr begehbar. Ende Juli 1990 habe ich deshalb eine andere Abstiegsmöglichkeit aus dem Kreuzkarle im Bereich des Schreierkopf-Nordrückens untersucht. Der Durchstieg aus dem Kar auf den Nordrücken ist nicht leicht zu finden, der weitere Abstieg zum Weg über äußerst brüchige geröllbedeckte Schrofen und steiles Gras ist stellenweise problematisch und dauert auch bei günstigem Durchfinden jedenfalls länger als der Normalweg. Von einem weglosen direkten Abstieg aus dem Kreuzkarle rate ich daher dringend ab.

Tourenprofil mit Gehzeiten (Stunden)

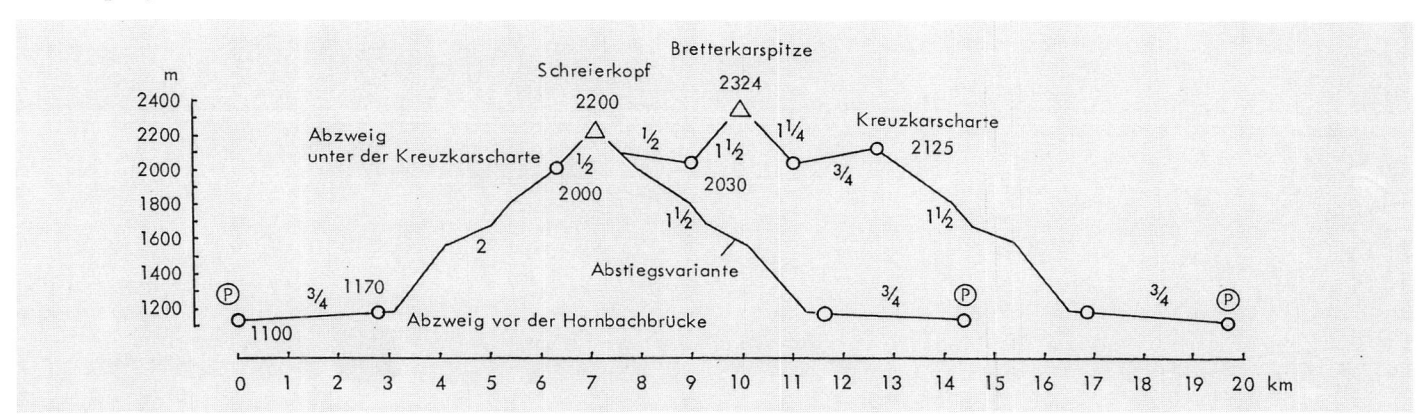

Tourendaten

Ausgangsort:	Hinterhornbach, Parkplatz am Hornbach – 1100 m
Gipfel:	Schreierkopf 2200 m – Bretterkarspitze 2324 m
Steighöhen und	Gesamttour: 1550 m – 9 bis 10 Stunden
Gehzeiten:	Nur Schreierkopf: 1140 m – 5 bis 6 Stunden
Charakter:	Eine selten begangene, landschaftlich und botanisch sehr reizvolle Tour hoch über dem Hornbachtal, die interessante Einblicke in die Nordabstürze des mittleren Abschnitts der Hornbachkette bietet. Die Besteigung des Schreierkopfs auf markiertem Weg und Pfadspuren im Gipfelbereich ist leicht und auch für sich allein lohnend. Die Bretterkarspitze erfordert etwas Übung im weglosen Gras- und Schrofengelände (I) und gute Kondition.

⑪
Gliegerkarspitze und Bretterspitze

Die Gliegerkarspitze von der Bretterspitze. Rechts Höfats und Wildengruppe

Die Gliegerkarspitze ist ein formschöner Gipfel, dessen Nordgrat das Urbeleskar westlich begrenzt. Von seiner höheren Nachbarin, der massigen, auf markiertem Steig erreichbaren Bretterspitze wird der feingliedrige Berg ein bißchen ins Abseits gedrängt, doch ist die Besteigung des Ostgipfels leicht und sehr lohnend, und sie läßt sich mit der Bretterspitze in einer hübschen Tagestour verbinden.
Die Gliegerkarspitze, deren Hauptgipfel 1893 erstmals betreten wurde, geht man am besten nicht aus dem Lechtal, sondern von Norden aus dem Urbeleskar an. Ausgangsort ist wie bei Tour ⑩ Hinterhornbach. Als Stützpunkt steht das von Mitte Juni bis Mitte Oktober an den Wochenenden bewartete Kaufbeurer Haus zur Verfügung, das außerhalb der Bewartungszeit mit dem Hüttenschlüssel des Deutschen Alpenvereins (AV-Schlüssel) zugänglich ist. Allerdings wird man bei dieser Tour normalerweise ohne Übernachtung auskommen.
In Hinterhornbach parken wir entweder am Gasthof Adler, von wo ein breiter Weg die wenigen Höhenmeter zum Hornbach hinabführt zum Beginn des beschilderten und markierten Aufstiegswegs, oder günstiger einige hundert Meter talein jenseits des Hornbachs auf dem schattigen Parkplatz wie bei Tour ⑩. Fünfzig Meter hinter dem Gatter, noch vor dem Schild „Kaufbeurer Haus", beginnt ein schwach ausgetretener Wiesenpfad, der gleich darauf in einen deutlichen Steig übergeht und nach wenigen Minuten auf den vom Gasthof Adler heraufkommenden Weg trifft. Dann geht es durch steilen Wald bergauf. Unser Steig durchquert hier ein Gebiet besonders starken Windbruchs. Er war Mitte Oktober 1990 in diesem Bereich wieder freigesägt, einwandfrei hergerichtet und neu markiert. Weiter oben führt er landschaftlich reizvoll in Lichtungen mit schönen Ausblicken besonders auf den jenseits des Hornbachtals aufragenden Hochvogel in vielen Kehren zum unteren Rand des Urbeleskars empor, von dem es nicht mehr weit zum schön gelegenen Kaufbeurer Haus ist. Dieser hübsche Aufstieg von Hinterhornbach macht die Hütte selbst zu einem lohnenden Ziel.
Für den Aufstieg zur Gliegerkarspitze benützen wir zunächst den markierten Bretterspitzenweg. Er führt durch das wellige, von plattigen Stufen durchsetzte Kar zum Auslauf des von der Gliegerkarspitze herabstreichenden Nordostrückens und schwenkt hier in das hinterste Becken des Urbeleskars

ein, wo er im Geröll in mehreren Kehren Höhe gewinnt und schließlich an einem Block mit rotem Pfeil in scharfer Linkswendung dem Ostrücken der Bretterspitze zustrebt. An dieser Stelle verlassen wir den Weg und folgen dem nicht markierten, aber deutlichen Pfad, der geradeaus weiterführt. Es handelt sich um einen alten, seit langem nicht mehr instand gehaltenen Weg, der früher das Urbeleskar über die Gliegerscharte mit dem auf der Südseite der Hornbachkette gelegenen Gliegerkar verband. Nach 50 Metern biegt er nach rechts ab und zieht zum Nordostrücken des Ostgipfels hinüber. Ein Steinmann zeigt, daß Sie auf der richtigen Spur sind. Von hier windet sich das Steiglein über Geröll und plattige Stufen auf dem Rücken empor. Im oberen Teil erleichtern alte Eisenstifte und Steinmänner die Orientierung. Nach Querung auf einem horizontalen Band erreicht der Steig den Ostrücken oberhalb der Gliegerscharte. Von dort geht es in leichter Kletterei in wenigen Minuten zum Ostgipfel mit Eisenkreuz von 1971 und Buch.

Der Übergang zum 26 Meter höheren Hauptgipfel ist anspruchsvoller. Als ich im Oktober 1986 zum erstenmal auf dem Ostgipfel stand und den Verbindungsgrat zum Hauptgipfel erblickte, habe ich zunächst tief durchgeatmet. Das sah ja nun gar nicht einfach aus: Ein zerrissener Grat hinter einem steilen Abbruch mit einer auffallend hellen, scheinbar steil aufgestellten Platte und einem blockigen Aufschwung am Gipfelkamm. Doch wenn man die Sache angeht, ist es gar nicht so schlimm. Allerdings erfordert der Übergang einen mit brüchigen Schrofen und steilem Geröll vertrauten trittsicheren und schwindelfreien Geher mit etwas Kletterfertigkeit (II).

Der Abbruch am Ostgipfel wird rechts in einer schmalen Geröllrinne umgangen. Dazu geht man einige Meter am Rücken zurück und klettert dann über eine gutgriffige kurze Stufe in die Rinne hinunter. Leichter gelangt man noch etwas weiter nach Osten ausholend in die Rinne, in der man bei dieser Variante ein kleines Stück aufsteigen muß. In der Rinne geht es nur wenige Meter hinab, dann überschreitet man das rechts herabkommende Gratl – keinesfalls in der Rinne weitergehen! – und erreicht jenseits auf Schrofentritten und einem Band absteigend die Scharte vor einem brüchigen Grat-

kopf. Er wird rechts umgangen: Man steigt in der unterhalb verlaufenden Rinne, am besten auf Schrofentritten am linken Rand ab, und am tiefsten Punkt, wo sie rechts steil abbricht, an der gegenüberliegenden Seite gleich wieder auf und kommt nun zu der hellen Platte. Sie ist bei weitem nicht so steil, wie es vom Ostgipfel aussieht, und entpuppt sich als die leichteste und angenehmste Passage des ganzen Gratübergangs. Zunächst gehen wir auf guten Tritten unterhalb der Kante empor und gelangen an ihrem Ende direkt über die Kante zur Scharte vor dem letzten, aus großen Blöcken gebildeten Grataufschwung. Auch er wird rechts umgangen. Dann steigt man zur Kammhöhe auf, die man über einen brusthohen kantigen Block von links her gewinnt. Von hier erreicht man ohne weitere Schwierigkeit auf blockigen Stufen den Steinmann am höchsten Punkt. Eine schöne Aussicht erwartet uns. Eindrucksvoll ist der Blick nach Osten über den Vorgipfel hinweg auf die Bretterspitze mit ihrem scharfen Westgrat und auf die Urbeleskarspitze, die sich von ihrer schwierigsten Seite zeigt. Im Südwesten beherrscht die Noppenspitze über den von hier wenig auffallenden Erhebungen von Wolekleskarspitze und Sattelkarspitze das Blickfeld.
Genau auf der Anstiegsroute kehren wir zum Ostgipfel zurück. Der Gratübergang dauert in jeder Richtung je nach Übung und Erfahrung $1/4$ bis $1/2$ Stunde. Lassen Sie sich Zeit, gehen Sie vorsichtig und konzentriert, dann ist dieser Abstecher gut zu bewältigen.
Vom Ostgipfel steigen wir ins Kar ab. An der Abzweigung können Sie mit $1 1/2$ Stunden Mehraufwand die Bretterspitze „mitnehmen", eine Möglichkeit, die Sie sich nicht entgehen lassen sollten, denn ein hervorragender Aussichtspunkt ist sie allemal, und der Gipfelkamm bietet einige hübsche kurze Kletterstellen. Instruktiv ist der Blick auf die nahe Gliegerkarspitze, und bei guter Fernsicht schaut man nach Süden weit in die Zentralalpen hinein. – Hermann von Barth hat die Bretterspitze am 5. September 1869 auf der gleichen Route bestiegen.
Über das Kaufbeurer Haus steigen wir in $2 1/2$ Stunden – bei Geröllabfahrten im Urbeleskar schneller – nach Hinterhornbach ab.

*Der Hauptgipfel
mit der hellen Platte vom Ostgipfel*

Gliegerkarspitze und Bretterspitze

Auf der Bretterspitze

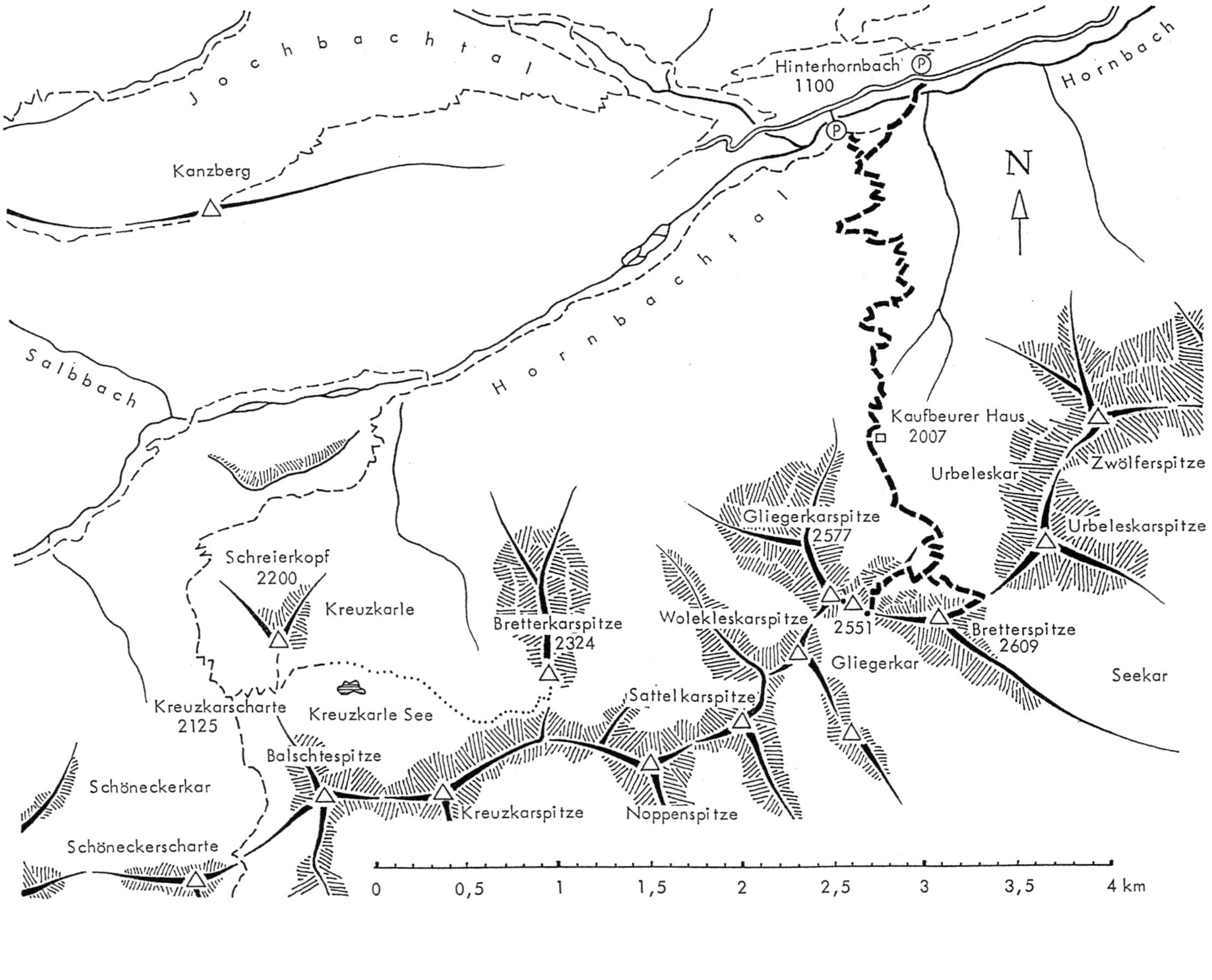
Jochbachtal
Hinterhornbach
1100
Hornbach
Kanzberg
N
Hornbachtal
Salbbach
Kaufbeurer Haus
2007
Zwölferspitze
Urbeleskar
Gliegerkarspitze
2577
Urbeleskarspitze
Schreierkopf
2200
Kreuzkarle
Bretterkarspitze
2324
Wolekleskarspitze
2551
Bretterspitze
2609
Gliegerkar
Seekar
Kreuzkarscharte
2125
Kreuzkarle See
Sattelkarspitze
Balschtespitze
Schöneckerkar
Kreuzkarspitze
Noppenspitze
Schöneckerscharte
0
0,5
1
1,5
2
2,5
3
3,5
4 km

Gliegerkarspitze und Bretterspitze

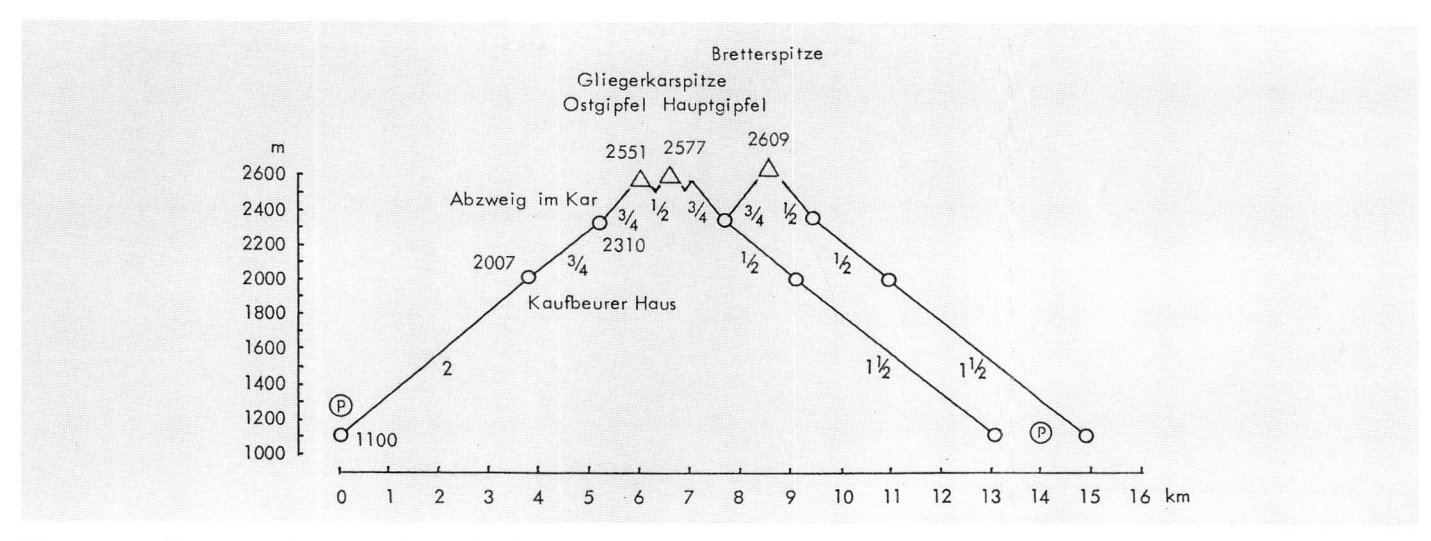

Tourenprofil mit Gehzeiten (Stunden)

Tourendaten

Ausgangsort:	Hinterhornbach – 1100 m
Stützpunkt:	Kaufbeurer Haus – 2007 m
Gipfel:	Gliegerkarspitze Ostgipfel 2551 m
	Hauptgipfel: 2577 m
	Bretterspitze 2609 m
Steighöhen und Gehzeiten:	Gliegerkarspitze
	Hauptgipfel: 1520 m – 6½ bis 7 Stunden
	Nur Ostgipfel: 1460 m – 5½ bis 6 Stunden
	Hauptgipfel und Bretterspitze: 1820 m – 8 bis 8½ Stunden
	Ostgipfel und Bretterspitze: 1760 m – 7 bis 7½ Stunden
Charakter:	Abwechslungsreiche Tagestour auf eine der formschönsten Berggestalten der Hornbachkette. Bis zum Ostgipfel der Gliegerkarspitze Steig. Der Übergang zum Hauptgipfel erfordert Vertrautheit mit brüchigen Schrofen, Schwindelfreiheit und etwas Kletterfertigkeit (II), doch ist auch der Ostgipfel für sich allein lohnend. Zusätzliche Besteigung der Bretterspitze auf markiertem Weg ohne Schwierigkeit. Hervorragende Aussicht von allen drei Gipfeln.

⑫
Urbeleskarspitze

Die Urbeleskarspitze, fünfthöchster Gipfel der Allgäuer Alpen und zweithöchster der Hornbachkette nach dem Großen Krottenkopf, ist ein durchaus ernst zu nehmendes Gipfelziel, auch wenn der Anstieg auf der Normalroute durch meist deutliche Trittspuren, Steinmänner und im oberen Teil durchgehende rote Markierungen erleichtert ist. Die klettermäßige Schwierigkeit liegt meist bei I, einige Stellen erfordern mäßig schwierige Kletterei, bis II. Das vielfach geröllbedeckte plattige Gestein verlangt vorsichtiges Gehen. Bei Schneeauflage, die in der Aufstiegsflanke oft mit Vereisung verbunden ist, wird die Besteigung gefährlich und sollte tabu sein. Bei normalen Verhältnissen ist die Urbeleskarspitze jedoch nicht zu schwierig und sehr lohnend, und sie bietet dank ihrer Höhe von 2636 Metern eine hervorragende Rundsicht.
Ausgangsort ist wie bei Tour ⑪ Hinterhornbach. Von dort steigen wir auf dem markierten Weg in gut zwei Stunden zum Kaufbeurer Haus auf. Wir können nun die Nordwestflanke des wuchtigen Gipfelaufbaus überblicken, in der die Aufstiegsroute verläuft. Die Flanke ist links vom Nordgrat begrenzt, über den Hermann von Barth am 3. September 1869 als erster den Gipfel erreichte. Er ist etwas schwieriger als die Normalroute, der Fels ist stellenweise brüchig, doch gibt es weniger Geröll. Hermann von Barth war auch von Hinterhornbach aufgestiegen, in nur 3½ Stunden, was um so beachtlicher ist, als er damals keine Routenbeschreibung, keine Trittspuren und keine Markierungen zur Verfügung hatte und seine Route nur nach der eigenen Beurteilung der Geländestruktur bestimmen mußte. Daß er am Vortag in 6 Stunden von Oberstdorf über das Hornbachjoch nach Hinterhornbach marschiert war, unterstreicht nur seine außergewöhnliche Kondition.
Die Nordwestflanke wird von einer deutlich erkennbaren, im unteren Teil tief eingesenkten Rinne durchzogen. In dem Schrofenrücken links daneben vollzieht sich der erste Abschnitt unseres Anstiegs. Von der Hütte folgen wir zunächst dem markierten Weg Richtung Bretterspitze, der durch das

Urbeleskarspitze und Kaufbeurer Haus

wellige Gelände über plattige Stufen in den hinteren Teil des Urbeleskars führt. Wo er nach rechts abbiegt, zweigt links ein schmaler, aber gut erkennbarer Pfad ab, der erst leicht fallend, dann etwas ansteigend zu dem erwähnten Schrofenrücken hinüberquert. Hier windet er sich in kurzen Kehren, immer die leichtesten Durchstiegsmöglichkeiten benützend über Geröll und kurze Stufen am Rücken empor. Zahlreiche Steinmänner erleichtern die Orientierung in dem etwas unübersichtlichen Gelände. Der anfangs breite Rücken zieht sich weiter oben zusammen und läuft in der vom Nordgrat herabkommenden Rinne aus. Hier beginnt eine rote Markierung, die in enger Folge bis zum Gipfel leitet. Sie erleichtert den Aufstieg in dem zerklüfteten, von Bändern durchzogenen Gelände der Westflanke wesentlich. Als ich die Urbeleskarspitze 1973 zum erstenmal bestieg, gab es weniger Markierungen, allerdings mehr Steinmänner als heute, und man mußte höllisch aufpassen, die Route nicht zu verlieren. Heute gibt es dagegen keine Orientierungsprobleme, wenn man sich streng an die Markierungen hält.

Die Markierungspunkte leiten zunächst über plattiges Gestein in den Grund der Rinne, dort weist ein roter Pfeil nach rechts auf den Beginn der Bänder in der Westflanke. Hier geht es mäßig ansteigend ein Stück in die Flanke hinein zu einer breiten Rinne, die den weiteren Anstieg vermittelt. Plattige Stufen mit relativ festem Fels wechseln mit geröllbedeckten Bändern, wobei die Markierung sich immer an die leichtesten Durchstiegsmöglichkeiten hält. Zwei Stellen im oberen Teil der Route erfordern mäßig schwierige Kletterei: Eine enge Steilrinne, die auch links, nicht leichter, umgangen werden kann, und eine steile, von zwei Rissen durchzogene Platte. Am Gipfelkamm führt ein deutlicher Pfad zum schön gearbeiteten Eisenkreuz, das auf der Südwestschulter etwas unterhalb des höchsten Punktes steht. Das superdicke Gipfelbuch wird noch etliche Jahre reichen. Die Rundsicht entspricht dem seine Nachbarn weit überragenden Gipfel: Einmalig schön. Halten Sie sich auch beim Abstieg strikt an die Markierungen, selbst wenn mitunter leicht erscheinende Stellen zu Abkürzern verlocken. Es ist zweckmäßig, im Geröll unterhalb des Gipfelaufbaus zum Bretterspitzweg zurückzuqueren und dort zum Kaufbeurer Haus abzusteigen. Der abkürzende Geröllabstieg schon vorher bringt nicht viel, da das grobe Geröll zum Abfahren schlecht geeignet ist.

Urbeleskarspitze

Blick vom Gipfel auf Bretter- und Gliegerkarspitze. Dahinter der Westteil der Hornbachkette

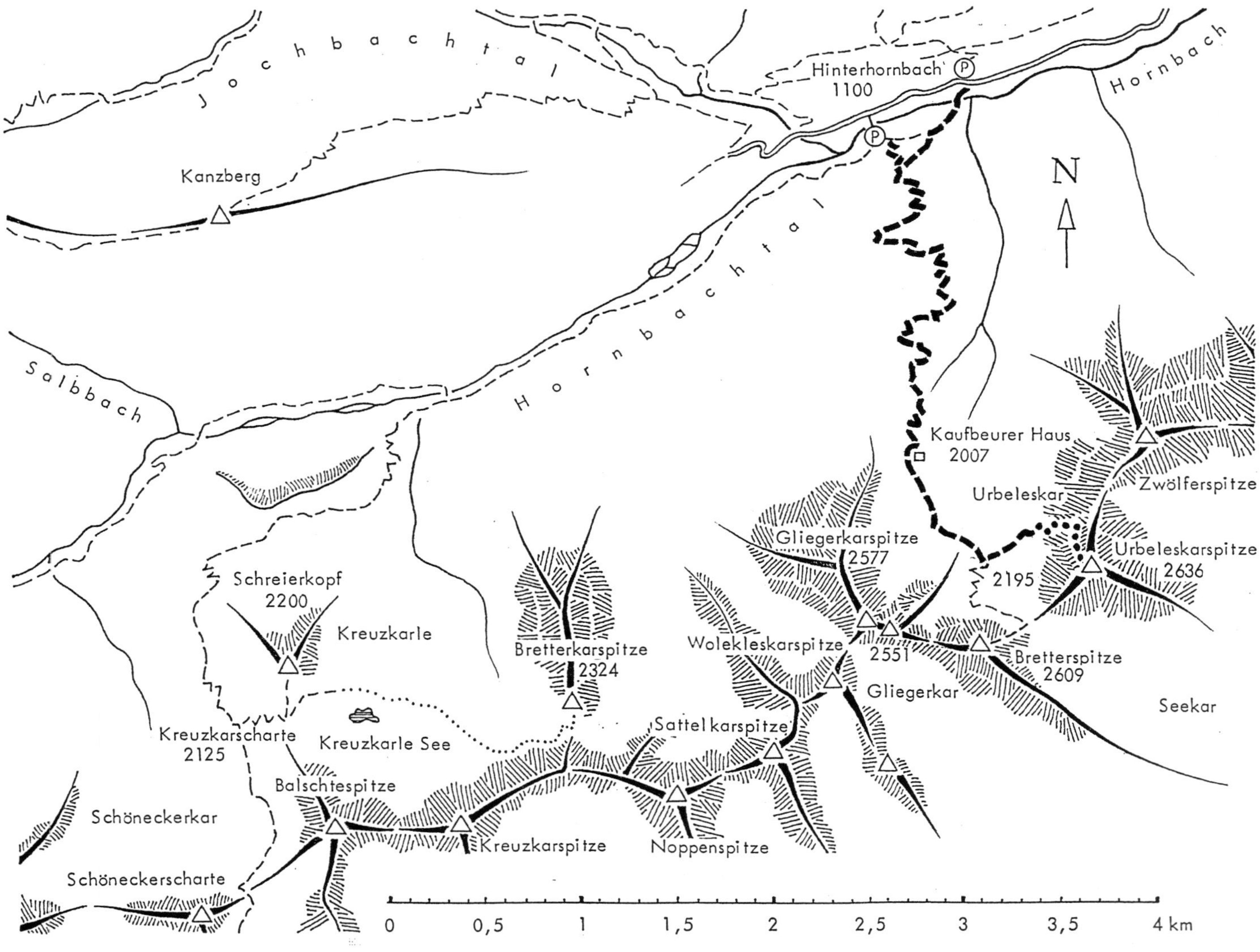

Urbeleskarspitze

Tourendaten

Ausgangsort:	Hinterhornbach – 1100 m
Stützpunkt:	Kaufbeurer Haus – 2007 m
Gipfel:	Urbeleskarspitze 2636 m
Steighöhe und Gehzeit:	1550 m – 7 bis 7½ Stunden (Aufstieg 4 Stunden)
Charakter:	Sehr lohnende Tour auf den fünfthöchsten Gipfel der Allgäuer Alpen, die am Gipfelaufbau Trittsicherheit und einige Kletterfertigkeit (bis II) erfordert. Schöne Rundumsicht. Als Stützpunkt steht an den Wochenenden während der Saison das Kaufbeurer Haus zur Verfügung.

Tourenprofil mit Gehzeiten (Stunden)

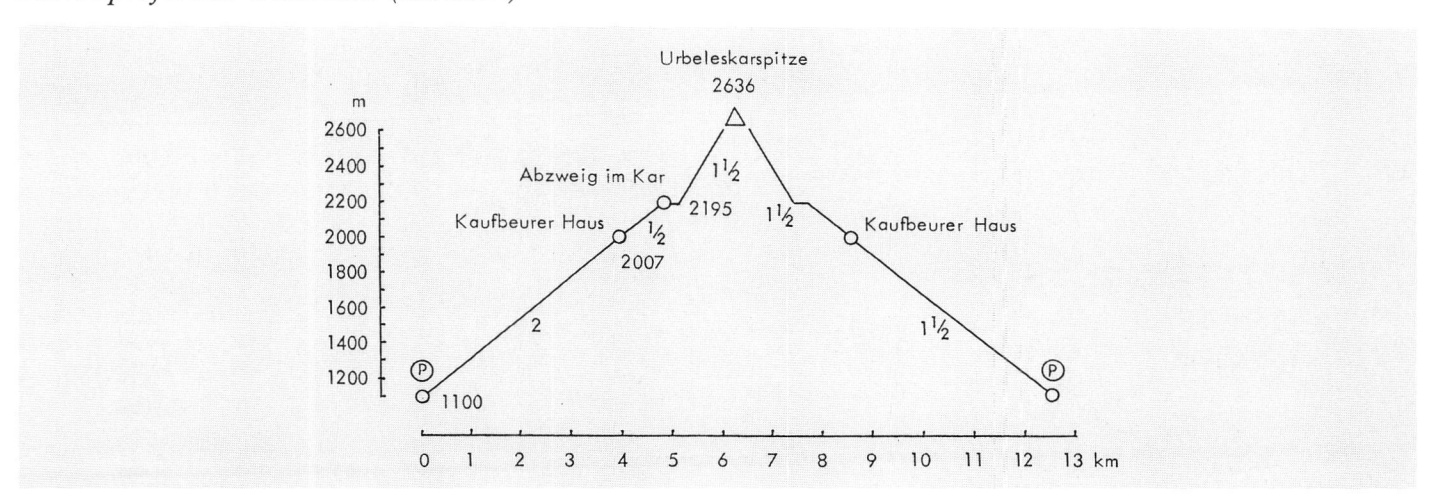

⑬
Wasserfallkarspitze und Elfer

Auch die Wasserfallkarspitze gehört zu den selten bestiegenen Gipfeln der Hornbachkette. Das liegt wohl vor allem daran, daß es bisher für den nur von Süden leichten Anstieg keine befriedigende Beschreibung gab. Hermann von Barth, der die Wasserfallkarspitze am 3. September 1869 – allerdings nicht als erster – bestieg, kam aus dem Wasserfallkar nach einem abenteuerlichen Abstieg von der Urbeleskarspitze über deren steile Nordostflanke. Vom Lechtal aus ist diese Route äußerst ungünstig, weil der Aufstieg ins Wasserfallkar schwer zu finden ist. Viel besser und ohne Orientierungsprobleme ist die Besteigung aus dem Großkar unter Benützung des markierten Wegs zur Klimmspitze. Dennoch sollten Sie die Anforderungen, die die Begehung dieser Route stellt, nicht unterschätzen. Sie weist zwar keine klettermäßigen Schwierigkeiten auf, verlangt aber gute Kondition und Vertrautsein mit steilem Geröll.
Ausgangsort ist der aus wenigen Häusern bestehende Weiler Klimm bei Elmen im Lechtal, den man kurz hinter dem Ortsende von Elmen nach rechts abbiegend auf schmaler Asphaltstraße erreicht. Die Parkmöglichkeiten sind hier sehr beschränkt. Die Bauern sehen es nicht gern, wenn man den Wagen auf ihren Wiesen abstellt. Am besten ist es, auf dem kleinen, vier Wagen fassenden „Parkplatz für Wanderer" unmittelbar vor der Lechbrücke zu parken und die zweihundert Meter nach Klimm zu gehen. Hier beginnt beschildert zwischen zwei Häusern der Aufstieg zur Klimmspitze (Tour ⑭). Der gut markierte und überall deutliche Weg führt zunächst durch lockeren, von Kiefern durchsetzten Fichtenwald, dann den Hang querend mit hübschem Blick ins Lechtal zu einer freien grasigen Schulter, von der die Klimmspitze sichtbar wird. Er windet sich nun durch die außergewöhnlich weit herabreichende Latschenzone und führt schließlich in langgestreckten Latschengassen zum Rand des Großkars, wo er nach rechts zur Klimmspitze abbiegt. Hier wenden wir uns nach links unserem Gipfelziel zu. Der Aufstieg zur jetzt sichtbaren Wasserfallkarspitze läßt sich in fünf Abschnitte einteilen: Durchquerung des Großkars, Anstieg zum felsigen Querriegel unterhalb der deutlichen Einsattelung rechts von dem markanten Felskopf im Südostrücken der Wasserfallkarspitze, von hier vollends zur Kammhöhe, auf dem Südostrücken zur Scharte im Nordostgrat und zum Schluß über den kurzen

Wasserfallkarspitze, links, und Schwellenspitze über dem Großkar

Grat zum Gipfel. Zunächst gilt es, das von begrünten Hügelwellen durchzogene Kar möglichst günstig, das heißt mit möglichst wenig Höhenverlust zu queren. Man hält sich dabei etwa an die in der Karte eingezeichnete Linie in geschickter Ausnützung der Geländeform. Deutliche Pfadspuren erleichtern im hinteren Teil des Kars das Zurechtfinden. Nach Durchschreiten eines Blockfeldes stehen wir am Beginn des zweiten Abschnitts, dem 180-Meter-Aufstieg zum Felsriegel. Zuerst geht es über Blockwerk und grobes Geröll, dann auf der steiler werdenden Schutthalde an den Riegel heran. Die letzten hundert Meter sind der mühsamste Teil der Tour. Den Felsriegel durchsteigen wir in einer gutgestuften, geröllbedeckten seichten Schrofenrinne nach links und erreichen auf Erdtritten schräg aufwärts den Südostrücken an der erwähnten Einsattelung. – Merken Sie sich gut den Austrittspunkt der Rinne, denn dorthin müssen wir beim späteren Abstieg zurück. – Von der Einsattelung können wir erstmals einen Blick ins Wasserfallkar werfen. Der Aufstieg von dort sieht nicht gerade einladend aus, unsere Route aus dem Großkar ist besser.

Wir steigen nun auf dem im unteren Teil mäßig geneigten Rücken über Gras, dann steiler über Geröll und durch grobes Blockwerk, einen Felskopf links umgehend zur Scharte im Nordostgrat auf, über der der Gipfelfels der Wasserfallkarspitze emporragt. In der hier ansetzenden Schrofenrinne steigen wir zu einer niedrigen, aber steilen Felskante auf, die rechts auf einem Geröllband umgangen wird. Dann geht es die wenigen Meter zur Grathöhe und auf dem gutgestuften Grat in netter Kletterei (I) zum Steinmann am höchsten Punkt. Man kann die kurze Gratkletterei auch vermeiden, indem man den Südostrücken etwa auf halber Höhe verläßt und im groben Geröll links aufwärts zum Ende der Gipfelmauer quert, von wo man in leichten Schrofen einen breiten Absatz im Südwestkamm erreicht und nun ohne Schwierigkeit im Geröll zum Gipfel aufsteigen kann. Das ist mühsamer als der Aufstieg am Grat und deshalb mehr für den Abstieg geeignet.

Die Wasserfallkarspitze bietet eine schöne Rundumsicht, die nur durch die im Südwesten übermächtig aufragende 80 Meter höhere Urbeleskarspitze unterbrochen ist. Durch die uns zugewandte brüchige Flanke ist Hermann von Barth ins Wasserfallkar abgestiegen, eine bemerkenswerte Leistung. Im Westen, ganz nah, erblicken wir einen klotzigen Felskopf, den Elfer, der mit einer gewaltigen 600 Meter hohen Wand ins Hornbachtal abbricht. Wir können ihn von der Wasserfallkarspitze aus mit einer Stunde Mehraufwand besuchen.

Dazu steigen wir am Südwestkamm ein Stück ab und queren dann im Geröll der Westflanke über niedrige Schrofenstufen in Richtung auf die scharf eingeschnittene Scharte zwischen Wasserfallkarspitze und Elfer. Dieser Übergang erfordert vorsichtiges, trittsicheres Gehen. Etwa 10 Höhenmeter unterhalb der Scharte beginnt ein leicht ansteigendes Band mit einer kurzen, etwas abdrängenden

Der Elfer mit den Aufstiegsbändern vom Westrücken der Wasserfallkarspitze. Rechts der Hochvogel

Kletterstelle am Anfang, das dann ohne Schwierigkeit zu einer Felsschneide und dahinter in scharfer Rechtswendung zu einem Absatz oberhalb der Scharte führt. Der folgende Felskopf wird rechts umgangen, dahinter sind es nur noch wenige Höhenmeter zum Gipfel des Elfer. Vorsicht auf den geröllbedeckten Bändern!

Beim Rückweg auf der beschriebenen Route brauchen wir nicht mehr vollends zur Wasserfallkarspitze aufzusteigen, sondern nur bis zum Geröllabsatz im Südwestkamm etwa auf Höhe des Elfergipfels. Von hier steigen wir über leichte Schrofen auf den Geröllhang unterhalb der Gipfelmauer ab und queren zum Südostrücken hinüber. Dann kehren wir auf der Anstiegsroute zum Weg im Großkar und nach Klimm zurück.

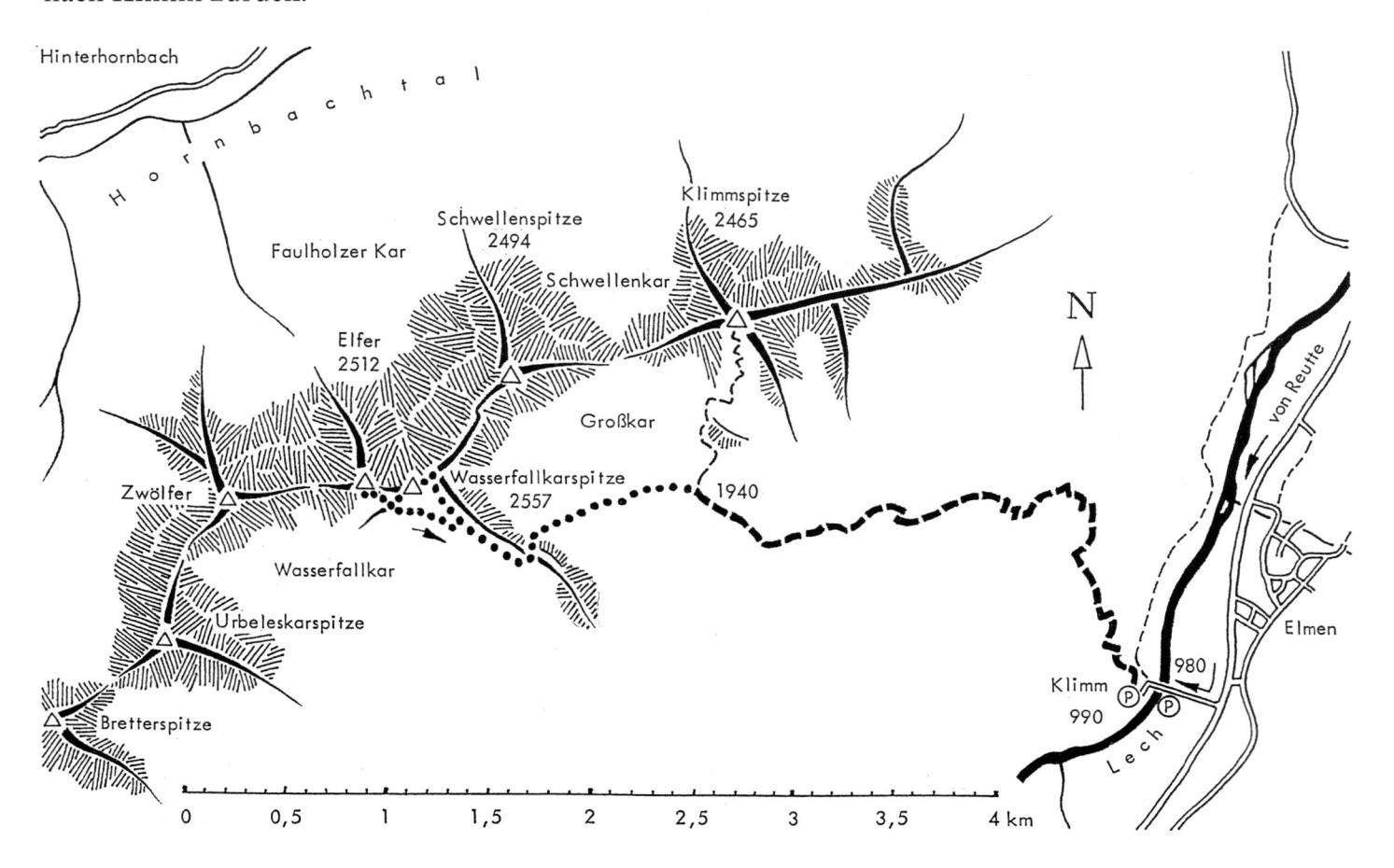

Wasserfallkarspitze und Elfer

Tourendaten

Ausgangsort:	Klimm bei Elmen (Lechtal) – 980 m
Gipfel:	Wasserfallkarspitze 2557 m – Elfer 2512 m
Steighöhen und Gehzeiten:	Nur Wasserfallkarspitze: 1590 m – 7 bis 8 Stunden
	Wasserfallkarspitze und Elfer: 1690 m – 8 bis 9 Stunden
Charakter:	Eine landschaftlich interessante und abwechslungsreiche Tour, bis zum Großkar auf markiertem Weg, dann weglos und teilweise mühsam. Am Nordostgrat der Wasserfallkarspitze und am Elfer leichte Kletterei (I). Die Geröllabschnitte erfordern gute Kondition und sicheren Tritt.

Tourenprofil mit Gehzeiten (Stunden)

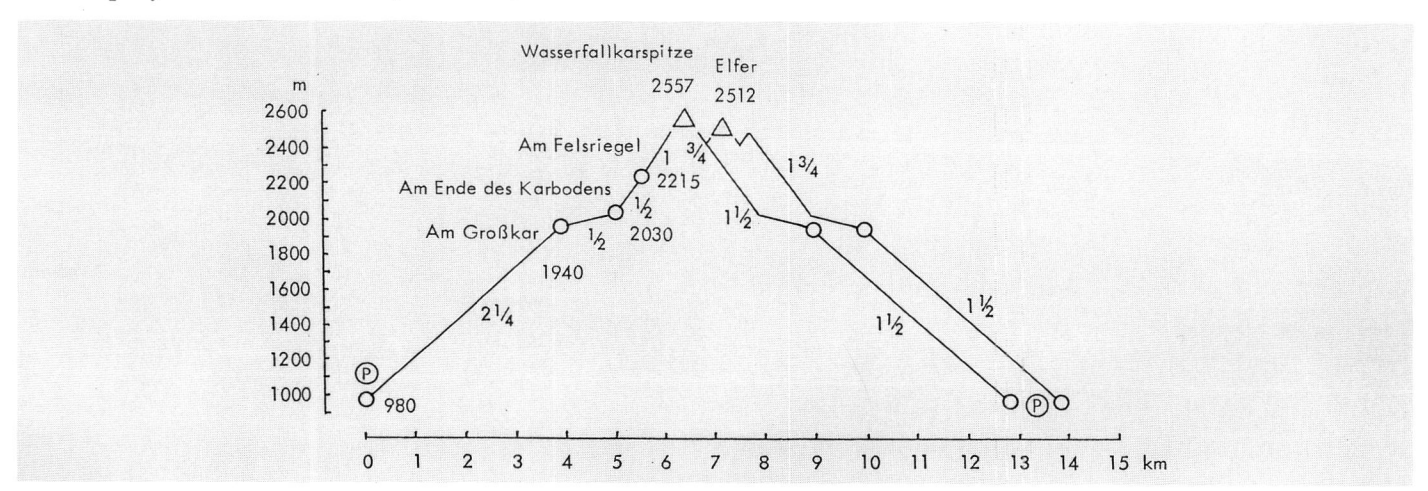

⑭
Klimmspitze

Dieser östliche Eckpfeiler der Hornbachkette, der vom Lechtal, etwa von Stanzach aus, einen imposanten Anblick bietet, ist durch einen markierten Steig gut zugänglich gemacht. Das ist jedoch kein Promenadenweg, am plattigen Gipfelaufbau muß man schon mal Hand anlegen und der häufig durch loses Geröll führende Steig kostet bei warmem Wetter manchen Tropfen Schweiß, doch wird die knapp vierstündige Aufstiegsmühe durch eine besonders schöne Aussicht belohnt.
Ausgangsort ist wie bei Tour ⑬ Klimm bei Elmen im Lechtal. Wie dort stellt man den Wagen auf dem kleinen Parkplatz unmittelbar vor der Lechbrücke ab und wandert auf dem schmalen Asphaltsträßlein die 200 Meter zum „Einstieg", dem Durchlaß zwischen den beiden Häusern. Dann geht es auf dem markierten, mit Klimmspitze beschilderten Weg zum Großkar. Hier, an großen Felsblöcken, wendet er sich der felsigen Steilflanke zu, die die Südschulter der Klimmspitze westlich begrenzt. Diese Schulter ist unser erstes Ziel. Zunächst leitet die Markierung über grobes Blockwerk, dann ziemlich mühsam an die Felsen heran, an deren Rand man in losem Geröll aufsteigt. Nach einer kurzen schrofigen Stelle führt das Steiglein auf einer teils geröllingen, teils begrünten Abdachung nach rechts ausholend — ein Stück ohne Markierung — auf die flache Südschulter. Diese Route ist günstiger als die frühere, stellenweise noch markierte Wegführung, die weiter links über mehr Geröll die Schulter erreichte. Hier zieht der nun wieder deutlich markierte Steig an den Gipfelaufbau heran. Am Rand schräger Plattenlagen, durch kleine, gut begehbare Einrisse, auf Geröllbändern und Schrofentritten leitet die Markierung in leichter Kletterei zum Gipfel mit einem schönen, Ende August 1989 errichteten Kreuz mit Buch. Das frühere Kreuz, das mit über 16 Metern als höchstes der Alpen galt, war Stürmen schon mehrmals zum Opfer gefallen.
Die Klimmspitze bietet eine umfassende Aussicht. Schön ist der ungehinderte Blick nach Nordosten ins Lechtal, eindrucksvoll nach Süden auf die Gipfel der Lechtaler Alpen, aus denen die breite, vielzackige Schlenkerspitze besonders hervortritt. Im Südwesten beherrschen Wasserfallkarspitze und Schwellenspitze das Bild. Und an schönen klaren Tagen schaut man weit in die schneebedeckten Zentralalpen hinein. — Auf der Anstiegsroute steigen wir nach Klimm ab, mit der nötigen Vorsicht im Gipfelbereich und im Geröll oberhalb des Großkars.
Hermann von Barth hat die Klimmspitze am 4. September 1869 bestiegen, einen Tag nach der Wasserfallkarspitze. Wie systematisch und mit welchen Überlegungen er an seine Bergtouren heranging, zeigen die in seinem Hauptwerk „Aus den Nördlichen Kalkalpen" von 1874 niedergelegten Gedanken über die Besteigung von Bretterspitze, Urbeleskarspitze, Wasserfallkarspitze und Klimmspitze an drei aufeinanderfolgenden Tagen:

Blick von der Klimmspitze nach Südwesten auf Wasserfallkarspitze und Schwellenspitze

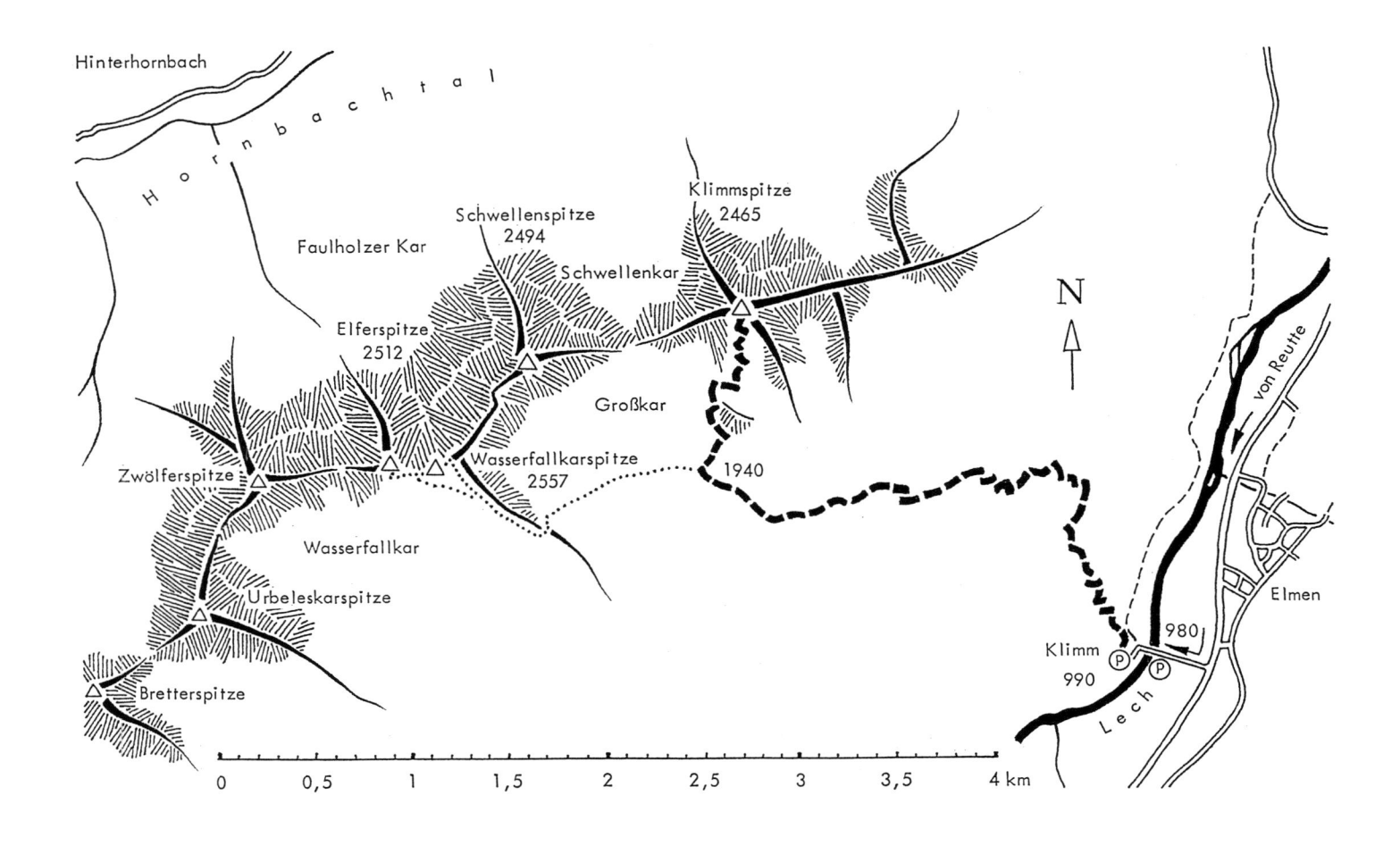

„Nach eineinhalb Stunden genußreichen Aufenthalts (auf der Urbeleskarspitze) wandte ich mich zum Abstiege. Ich gedachte die lange Tageszeit, die noch vor mir lag, zur Besteigung eines zweiten Gipfels zu nützen und ersah hiezu den östlich mir gegenüberstehenden Wasselfallkarspitz. Es war keine glückliche Wahl; ich hätte weit besser daran getan, ins Urbeleskar zurückzukehren und die Bretterspitze zu ersteigen, einen besonderen Tag dagegen auf den Wasserfallkarspitz zu verwenden, mit welchem der Klimmspitz, der Endpunkt der Hornbacher Kette, leicht sich hätte verbinden lassen. Indem ich Urbeleskar- und Wasserfallkarspitze zusammenfaßte, hatte ich auf die Bretterspitze wie auf den Klimmspitz je einen besonderen Tag zu verwenden, der jedesmal nicht gehörig ausgefüllt war."

Klimmspitze

Man muß für diese Gedankengänge Verständnis haben, zumal Hermann von Barth es viel schwerer hatte als wir heute, ins Gebirge zu kommen. Mich haben diese Sätze besonders beeindruckt, weil ich mich dabei ertappte, daß ich bei meinen Bergtourenplanungen ganz ähnlich denke.
Die Wasserfallkarspitze läßt sich in der Tat mit der Klimmspitze verbinden, doch erfordert dies eine außergewöhnliche Kondition, denn man muß aus dem Großkar zusätzliche 650 Höhenmeter bewältigen und mit 3½ Stunden Mehraufwand rechnen. Im Anschluß an die doch ziemlich anstrengende Besteigung der Klimmspitze wird einem danach kaum der Sinn stehen.

Tourendaten

Ausgangsort:	Klimm bei Elmen, Lechtal – 980 m
Gipfel:	Klimmspitze 2465 m
Steighöhe und Gehzeit:	1490 m – 6 bis 6½ Stunden (Aufstieg 3¾ bis 4 Stunden)
Charakter:	Markierter Steig auf den aussichtsreichen östlichen Eckpfeiler der Hornbachkette. Die Plattenzone im Gipfelbereich erfordert vorsichtiges Gehen, bietet aber keine Schwierigkeiten. Einige Geröllpassagen sind mühsam. Wegen der schönen Aussicht lohnend.

Tourenprofil mit Gehzeiten (Stunden)

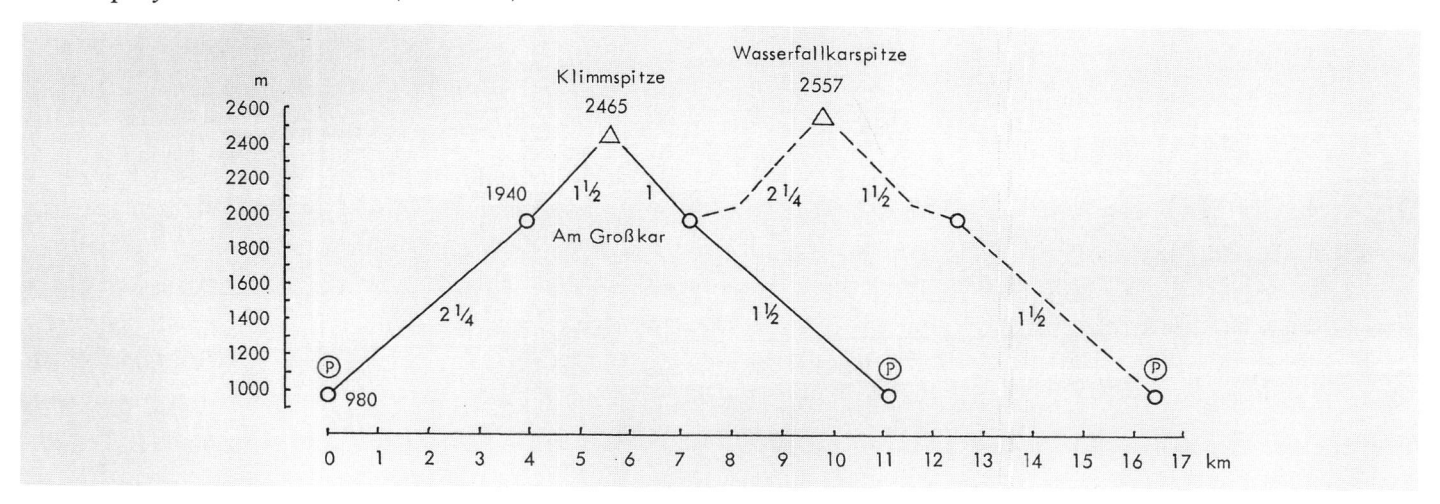

Allgäuer Hauptkamm

Der Allgäuer Hauptkamm, der sich mit einer Länge von vierzig Kilometern vom Westfuß des Biberkopfs bis zum Oberjoch im Tannheimer Tal erstreckt, wird wesentlich häufiger besucht als die übrigen Gebirgsgruppen der Allgäuer Alpen. Das liegt vor allem daran, daß der Hauptkamm durch ein gut ausgebautes, weit verästeltes Wegesystem erschlossen ist und daß es eine ganze Anzahl günstig gelegener Hüttenstützpunkte gibt, die verhältnismäßig kurze Anstiege zu den Gipfeln ermöglichen. Zudem ist das Kernstück des Hauptkammes, die Hochlicht- und Mädelegabelgruppe, durch den 1899 fertiggestellten Heilbronner Weg leicht zugänglich gemacht. Er ist entsprechend bevölkert. Getreu dem Charakter dieses Buches, Sie mit nicht alltäglichen Gipfeln der Allgäuer Alpen bekannt zu machen, kann ich Ihnen im Hauptkamm weniger Gipfel anbieten als etwa in der Hornbachkette, doch gibt es auch hier einige schöne und lohnende Ziele, die weniger bekannt und seltener besucht sind als die Stars des Hauptkammes wie Biberkopf, Hohes Licht, Mädelegabel und Hochvogel, um nur die durch Steiganlagen leicht erreichbaren wichtigsten zu nennen. Natürlich sollte, wer die Allgäuer Alpen kennenlernen will, auch und zuerst diese Gipfel besteigen – es gibt hierüber genügend ausführliche Beschreibungen und die Anstiege sind beschildert und markiert –, doch runden erst die anderen, einsameren, mitunter nicht so leicht zugänglichen das Bild der Allgäuer Alpen ab. Ich habe mich bemüht, einige besonders lohnende Touren im Hauptkamm ausfindig zu machen und für Sie aufzubereiten. Eine weitere sehr schöne Tour im nördlichsten Abschnitt, die Überschreitung vom Gaishorn zum Knappenkopf, ist in meinem Buch „Bergtouren mit Pfiff" beschrieben.

Rappenalpen

Sie bilden den westlichen Ausläufer des Hauptkammes. Für den Anstieg zu unserem Stützpunkt, der Rappenseehütte, stellen wir den Wagen auf einem der großen Parkplätze Faistenoy im Bereich der Talstation der Fellhornbahn – am besten auf dem schattigen Platz auf der linken Straßenseite – ab, die man von Oberstdorf auf guter Asphaltstraße erreicht. Nach kurzer Wanderung auf der Straße an der Stillach entlang zweigt links ein breiter Weg ab, der durch die hübsche Tallandschaft nach Birgsau führt und bald danach wieder auf die Straße trifft. Hier folgen wir dem für den Allgemeinverkehr gesperrten Fahrweg nach Einödsbach, wo es eine kleine Überraschung gibt: In einem Gehege neben dem Gasthaus grasen mehrere Lamas, die dem Wirt gehören und die sich hier offenbar ganz heimisch fühlen, weist doch dieses Gebiet manche Ähnlichkeit mit ihrer südamerikanischen Heimat auf. Mitunter ist die Gruppe auch oberhalb von Einödsbach an der Bacheralp am Weg zum Waltenberger Haus frei grasend anzutreffen.

Hinter Einödsbach verläuft unser Weiterweg zunächst im Talgrund des Rappenalpenbaches, beginnt dann stärker zu steigen und führt an der Petersalpe vorbei in einer weit nach Westen ausholenden Kehre über einen üppig bewachsenen Aufschwung auf die flache Schulter der Linkersalp mit der bewirtschafteten, gut eingerichteten Enzianhütte, die auch günstige Übernachtungsmöglichkeit bietet. Von hier zieht der aussichtsreiche Weg schmal und fast horizontal an den steilen, runsendurchzogenen Hängen des Linkerskopfs entlang und erreicht nach Überwindung einer weiteren Geländestufe das flache Becken des Rappensees mit der schön gelegenen Rappenseehütte.

⑮
Hochrappenkopf, Rappenseekopf und Hochgundspitze

Rappenseekopf, Biberkopf und Hochrappenkopf von der Rotgundspitze. Rechts das steilflankige Rappenköpfle über dem Rappensee

Dieses Dreigestirn zwischen der Großen Steinscharte und dem Biberkopf läßt sich von der Rappenseehütte aus zu einer schönen und interessanten Tour verbinden. Die Besteigung von Hochrappenkopf und Rappenseekopf auf markierten Wegen ist sehr leicht. Die beiden nach Norden zum Rappensee hin in steilen Schrofenwänden abbrechenden Gipfel sind auf der Südseite bis zur Kammhöhe begrünt und können am teils grasigen, teils schrofigen Kamm ohne jede Schwierigkeit überschritten werden. Den eigentlichen Pfiff bietet die anschließende Besteigung der Hochgundspitze, die Schwindelfreiheit und Kletterfertigkeit — einige Stellen II — erfordert. Die Hochgundspitze gehört zu den anspruchsvollsten Gipfeln dieses Buches, die sich nur zutrauen sollten, wer den II. Schwierigkeitsgrad sicher beherrscht. Weniger Geübte sollten sich mit Hochrappenkopf und Rappenseekopf begnügen, die auch für sich allein sehr lohnend sind und eine attraktive Aussicht bieten: Auf den hochaufragenden Biberkopf im Südwesten, auf die Felsgipfel der Mädelegabel- und Hochlichtgruppe, hinab auf das Becken des Rappensees mit der Hütte und weit hinaus durchs Stillachtal bis nach Oberstdorf. Im Nordwesten beherrschen die Schafalpen mit dem Widderstein und den drei Schafalpenköpfen das Blickfeld, während wir im Südosten auf die Gipfelvielfalt der Lechtaler Alpen schauen. Wahrlich eine faszinierende Aussicht.

Von der Rappenseehütte folgen wir dem beschilderten und gut markierten Weg Richtung Biberkopf, der zunächst etwas abfallend oberhalb des Rappensees entlangführt und dann über Geröll, plattige Schrofen und Schichtbänder zum Sattel zwischen Rappenseekopf und Hochrappenkopf emporzieht. Von hier geht es nach rechts auf dem harmlosen Rücken, immer gut markiert, in 15 Minuten zum Ostgipfel des Hochrappenkopfs. Es ist durchaus lohnend, auch den geringfügig höheren Westgipfel zu besuchen, denn der Blick von dort auf die Gipfel im Bereich des Heilbronner Weges von der Trettachspitze bis zum Hohen Licht ist noch eindrucksvoller als vom Ostgipfel. Der ganze Abstecher mit Rückkehr zum Sattel dauert nur eine Viertelstunde. Ein Steiglein führt vom Ostgipfel einige Höhenmeter hinab zu einer nach rechts steil abbrechenden Scharte und dahinter hinauf zum Westgipfel. Zur Scharte zurückgekehrt folgen wir weglos dem grasigen Rücken weiter und erreichen kurz darauf den markierten, vom Biberkopf herüberkommenden Weg, auf dem wir nach wenigen Minuten zum Sattel vor dem Rappenseekopf gelangen. Von hier leitet ein markierter Steig zu unserem zweiten Gipfelziel mit einem kleinen Metallkreuz. Der Abstieg in die Scharte zwischen Rappenseekopf und Hochgundspitze ist neuerdings markiert, so daß man problemlos hinunterkommt. Allerdings erfordern die gerölldurchsetzten Schrofen vorsichtiges, trittsicheres Gehen. Das gilt noch mehr für eine kleine Variante, die ein Stück hinter dem Rappenseekopfgipfel von der mit „leichter Weg" gekennzeichneten Hauptroute nach links abzweigt. Sie führt rot markiert in zwei Kehren durch schrofiges Gelände ebenfalls zur Scharte. Am Wendepunkt der ersten Kehre muß man gut auf die Markierung achten, weil der Steig nicht am letzten — wohl versehentlich angebrachten — sondern schon am vorletzten

Markierungspunkt scharf nach rechts abbiegt. Er ist dann nicht mehr zu verfehlen. Am Wendepunkt der zweiten Kehre geht es in einer engen, guttrittigen Rinne einige Meter hinab und dann auf einem Geröllband zur Scharte. Diese Variante dauert allenfalls ein paar Minuten länger als der Normalweg und ist kaum schwieriger. Von der Scharte führt ein markierter Pfad in zwanzig Minuten zur Hütte.
Für Geübte interessant ist die Fortsetzung der Tour zur Hochgundspitze. Es ist zweckmäßig, sich auf dem Rappenseekopf oder beim Abstieg zur Scharte die Aufstiegsflanke genau anzuschauen. Über den unten schrofigen, darüber grasigen von der Scharte hinaufziehenden Südwestrücken, der weiter oben in eine vom felsigen Gipfelaufbau herabkommende geröllduchsetzte Graszunge übergeht, erfolgt der erste Abschnitt des Aufstiegs.
Von der Scharte steigen wir in gutgestuften Schrofen zum Gras des Rückens empor. Dort leitet eine deutliche Trittspur zur Grathöhe, die auf einem Band einige Meter in ein Schartl absteigend überschritten wird. Das folgende Gratl umgeht man links auf Trittspuren. Dahinter steigt man auf Gras und leichten Schrofen an einen felsigen Vorkopf des Gipfelaufbaus heran, an seinem linken Rand empor und hinab in eine weitere Scharte, wo der scharfe Gipfelgrat ansetzt. Die letzten nun folgenden Höhenmeter sind der schwierigste Teil des Aufstiegs (einige Stellen II). Man hält sich dabei stets links unterhalb der Grathöhe, steigt zunächst auf einem Schrofenband mit etwas abdrängenden Tritten zu einem Absatz unter der Gipfelkrone auf und hier über eine kurze Wandstufe zu einem Geröllband unmittelbar am Rand der Felsen, das man so weit verfolgt, bis Schrofentritte den leichten Anstieg zum höchsten Punkt ermöglichen, um so leichter, je weiter man auf dem Band geht. Merken Sie sich beim Aufstieg insbesondere gut den Austrittspunkt am Absatz unterhalb der Gipfelkrone für den Rückweg, eine von oben ganz ähnlich aussehende Stelle einige Meter tiefer ist wesentlich schwieriger und sehr ausgesetzt.
Genau auf der Anstiegsroute steigen wir zur Scharte ab. Man muß nach dem felsigen Vorkopf darauf achten, daß man nicht versehentlich in der zunächst gut gangbaren, auf den Rappensee weisenden Nordwestflanke absteigt, die mit einer hohen Wandstufe ins Kar abbricht, sondern nach Südwesten in Richtung auf die Scharte. Das ist vor allem bei plötzlich einfallendem Nebel wichtig. Von der Scharte kehren wir auf dem markierten Pfad zur Hütte zurück.

Rückblick vom Rappenseekopf auf den mächtig aufragenden Biberkopf und den Hochrappenkopf

Bei Rückkehr zum Parkplatz kann man statt über Einödsbach als kleine Variante etwa zwanzig Minuten hinter der Petersalpe auf dem nach links abzweigenden rot markierten Pfad ins Rappenalptal absteigen und dort auf dem asphaltierten, für den allgemeinen Kraftverkehr gesperrten Talsträßlein über Birgsau zurückwandern. Das ist nicht weiter als der Weg über Einödsbach und bietet hübsche Ausblicke über das Tal hinweg auf die Gipfel der Mädelegabelgruppe.

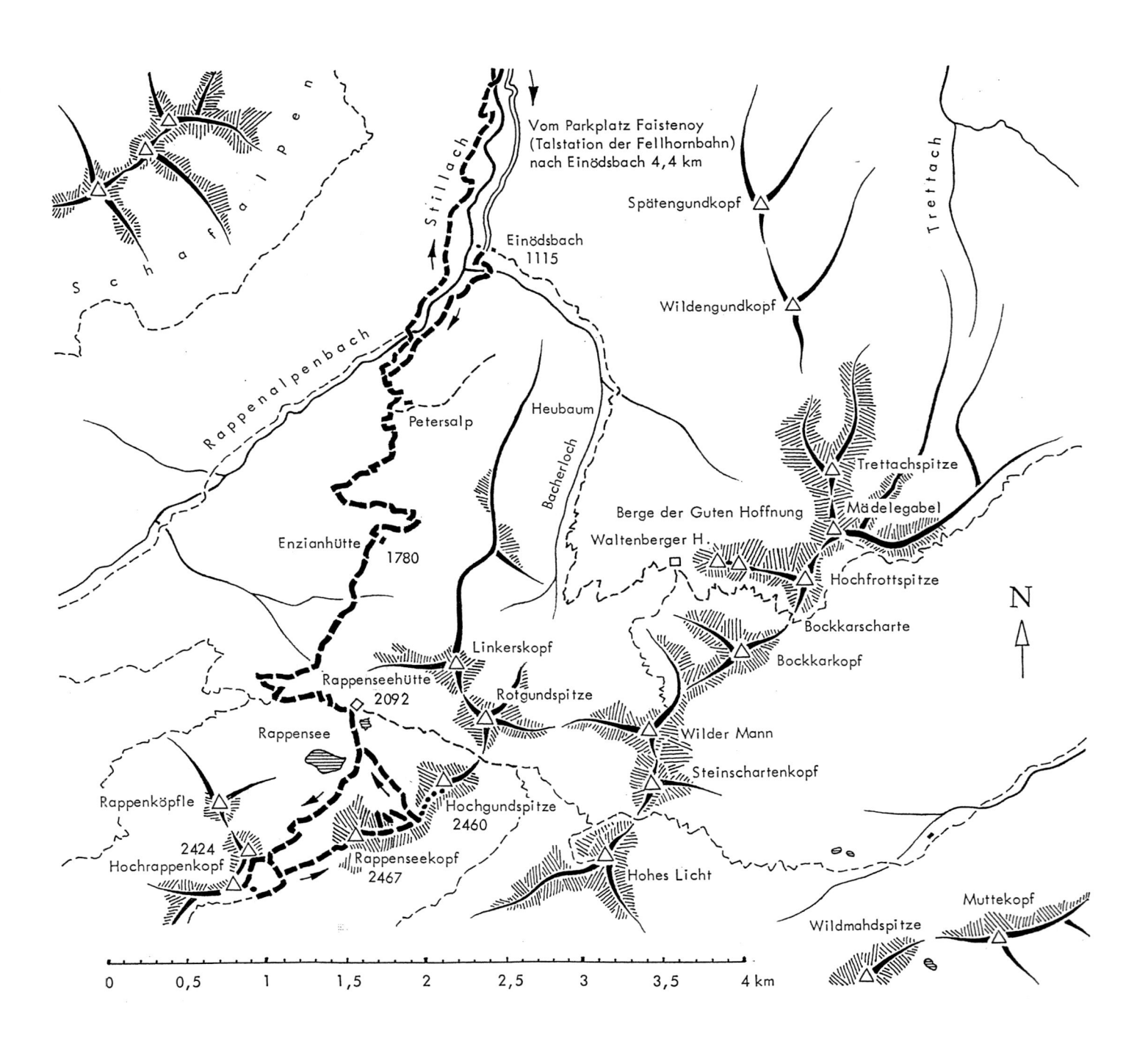

Vom Parkplatz Faistenoy
(Talstation der Fellhornbahn)
nach Einödsbach 4,4 km

Stillach

Schafalpen

Einödsbach
1115

Trettach

Spätengundkopf

Wildengundkopf

Rappenalpenbach

Petersalp

Heubaum

Bacherloch

Trettachspitze

Berge der Guten Hoffnung

Mädelegabel

Waltenberger H.

Enzianhütte 1780

Hochfrottspitze

Bockkarscharte

Linkerskopf

Bockkarkopf

Rappenseehütte
2092

Rotgundspitze

Rappensee

Wilder Mann

Steinschartenkopf

Rappenköpfle

Hochgundspitze
2460

2424
Hochrappenkopf

Rappenseekopf
2467

Hohes Licht

Muttekopf

Wildmahdspitze

N

0   0,5   1   1,5   2   2,5   3   3,5   4 km

Hochrappenkopf, Rappenseekopf und Hochgundspitze

Tourenprofil mit Gehzeiten (Stunden)

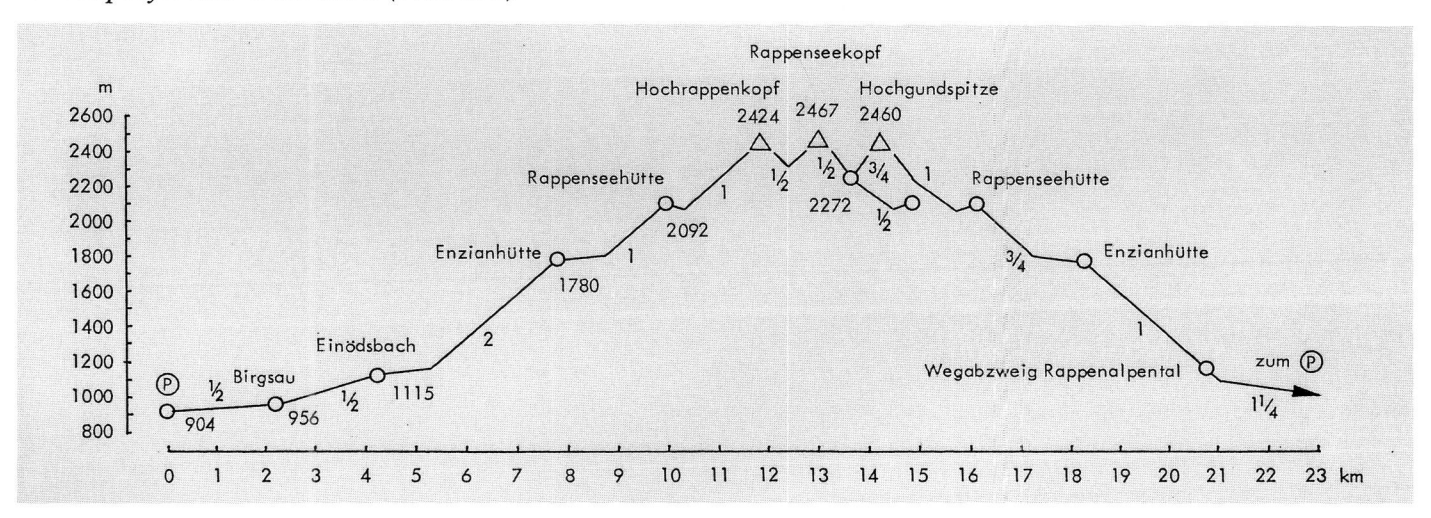

Tourendaten

Ausgangsort:	Parkplatz Faistenoy (Talstation der Fellhornbahn) – 904 m
Stützpunkt:	Rappenseehütte – 2092 m
Gipfel:	Hochrappenkopf 2424 m – Rappenseekopf 2467 m – Hochgundspitze 2460 m
Steighöhen und Gehzeiten:	Vom Parkplatz zur Hütte: 1200 m – 4 Stunden
	Von der Hütte über Hochrappenkopf und Rappenseekopf und zurück: 550 m – 2½ bis 3 Stunden
	Von der Hütte über die drei Gipfel und zurück: 750 m – 3½ bis 4 Stunden
	Von der Hütte zum Parkplatz: 3 Stunden
Charakter:	Die Besteigung des Hochrappenkopfs und anschließende Überschreitung des Rappenseekopfs auf gut markierten Wegen ist eine leichte und wegen der schönen Aussicht lohnende Tour, die auch für Ungeübte mit der im Gebirge nötigen Vorsicht geeignet ist.
	Anspruchsvoll ist dagegen die Besteigung der Hochgundspitze, die die Beherrschung des II. Schwierigkeitsgrads voraussetzt. Für Geübte eine interessante Tour mit kurzen Klettereinlagen.

⑯
Rotgundspitze

Dieser nördlich der Großen Steinscharte aufragende Gipfel bietet von der Rappenseehütte aus eine verhältnismäßig kurze, sehr interessante Grattour mit hübschen kleinen Klettereinlagen (eine Stelle II). Die Rotgundspitze ist wegen ihrer schönen umfassenden Aussicht besonders lohnend. Es gibt mit Ausnahme des benachbarten Linkerskopfs keinen Punkt, von dem man einen so eindrucksvollen Blick auf die Mädelegabelgruppe hat. Wenn man vormittags über Einödsbach zur Rappenseehütte aufgestiegen ist, bildet die Rotgundspitze für den Nachmittag das geeignete Gipfelziel. Für den nächsten Tag kann man sich dann die Besteigung von Hochrappenkopf, Rappenseekopf und Hochgundspitze (Tour ⑮) vornehmen.

Von der Hütte geht es auf dem guten markierten Weg hinauf zur Großen Steinscharte. Dabei werden Sie sicher nicht allein sein, denn der Aufstieg zur Scharte bildet den Auftakt zum überaus beliebten, während der Saison nicht nur an Wochenenden oft völlig überlaufenen Heilbronner Weg. Sie können davon ausgehen, daß sich fast alle Hüttengäste diese Route vorgenommen haben und daß Sie gleich hinter der Scharte, wenn Sie zur Rotgundspitze aufsteigen, wieder für sich sind.

Einige Minuten nach der Großen Steinscharte verlassen wir den Weg nach links und gelangen kurz darauf in eine flache Geröllmulde, über der wir im vor uns liegenden Kamm eine kleine Scharte erblicken, die rechts von einem Schrofenkopf begrenzt ist. Unweit daneben steht der Sockel vom Wilden Männle, einem ursprünglich etwa 15 Meter hohen keulenförmigen stark verwitterten Felsturm, der 1962 bei einem Sturm auseinanderbrach. Diese Scharte am Beginn des Ostgrats der Rotgundspitze ist unser erstes Ziel. Wir gehen in der Mulde links an einem großen Felsklotz vorbei, durchqueren einen schmalen Streifen von grobem Blockwerk und stoßen auf eine nicht sehr deutliche Steigspur, die in kurzen Kehren über Geröll und Gras zur Scharte hinaufleitet. An der Scharte setzt der Ostgrat mit einer kurzen felsigen Stufe an. Dies ist die schwierigste Stelle (II), die man am besten in der kleinen Einbuchtung rechts von der Gratkante an guten Griffen überwindet. Man kann die Stufe auch links in etwas abdrängendem Fels überlisten. Oberhalb der Stufe geht es in hübscher leichter Kletterei auf dem stellenweise schmalen Grat zu einer Schulter und über eine flache Einsenkung an den letzten Grataufschwung heran, und wir erreichen über Schrofen und auf Grastritten ohne Schwierigkeit den Gipfel der Rotgundspitze. Am eindrucksvollsten ist der Blick nach Nordwesten. Hier bilden Trettachspitze, Mädelegabel, Hochfrottspitze und Bockkarkopf bei guter Sicht eine faszinierende Kulisse.

Die Mädelegabelgruppe mit Trettachspitze, Mädelegabel, Hochfrottspitze und Bockkarkopf von der Rotgundspitze

Tief unten erblicken wir das Waltenberger Haus, neben dem die Berge der Guten Hoffnung im langen Westgrat der Hochfrottspitze aufragen (Tour ⑰). Im Südwesten schauen wir auf die nahe Hochgundspitze, auf Rappenseekopf und Hochrappenkopf (Tour ⑮) und den dominierenden Biberkopf, wir blicken hinab auf den Rappensee und das steilflankige Rappenköpfl. Im Nordwesten steht nah der Linkerskopf, der höchste Grasberg der Allgäuer Alpen. – Auf der Anstiegsroute steigen wir von der Rotgundspitze zur Hütte ab.

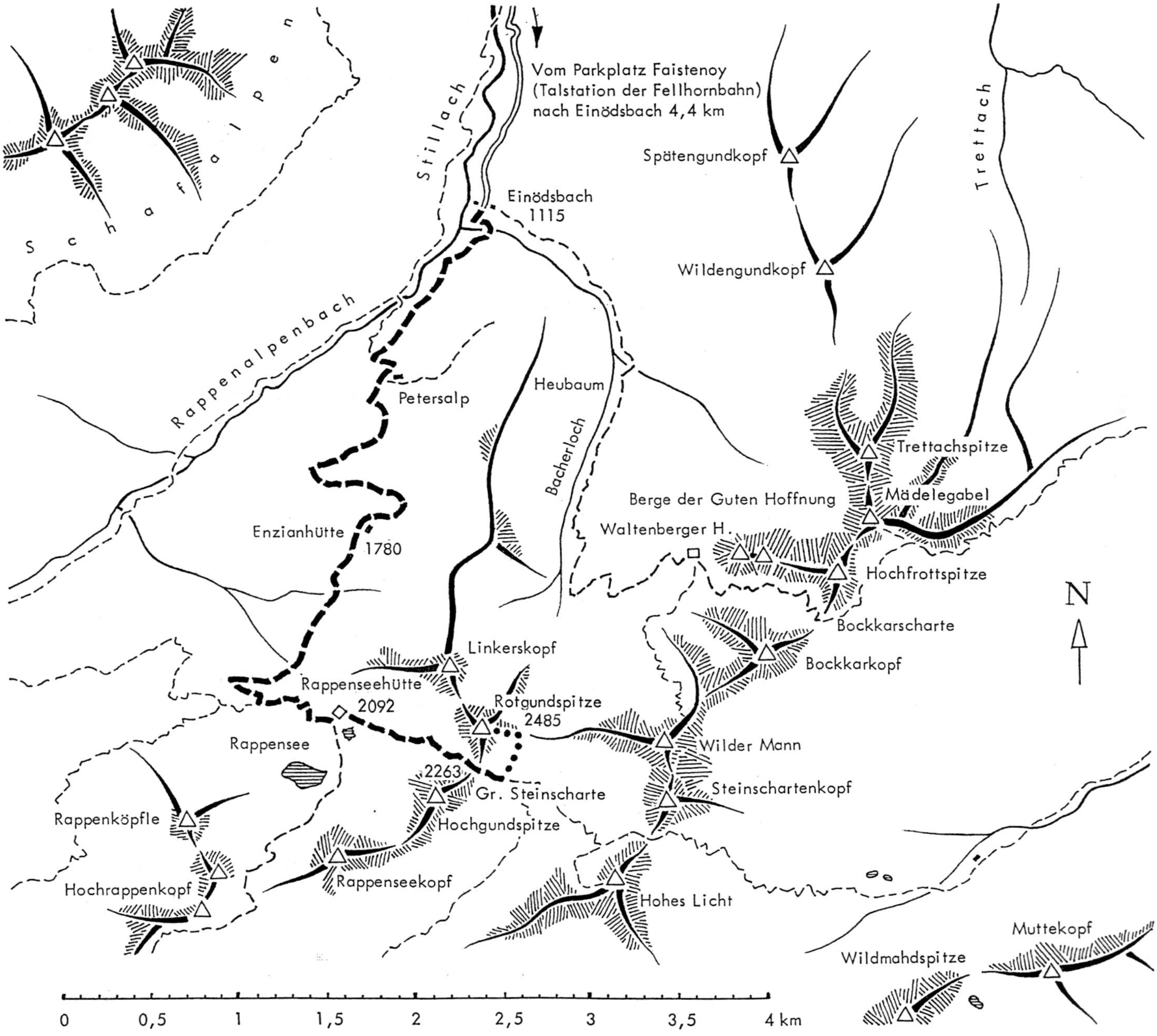
Vom Parkplatz Faistenoy
(Talstation der Fellhornbahn)
nach Einödsbach 4,4 km
Schafalpen
Stillach
Trettach
Spätengundkopf
Einödsbach
1115
Wildengundkopf
Rappenalpenbach
Petersalp
Heubaum
Bacherloch
Trettachspitze
Mädelegabel
Berge der Guten Hoffnung
Waltenberger H.
Enzianhütte
1780
Hochfrottspitze
N
Bockkarscharte
Linkerskopf
Bockkarkopf
Rappenseehütte
2092
Rotgundspitze
2485
Rappensee
Wilder Mann
2263
Gr. Steinscharte
Steinschartenkopf
Rappenköpfle
Hochgundspitze
Hochrappenkopf
Rappenseekopf
Hohes Licht
Muttekopf
Wildmahdspitze
0
0,5
1
1,5
2
2,5
3
3,5
4 km

Rotgundspitze

Man kann den steileren unteren Abschnitt des Ostgrats der Rotgundspitze bis zur Einsenkung an der Schulter auf dem daneben emporziehenden Grashang umgehen. Dies ist allerdings besser für den Abstieg geeignet. Von der Einsenkung steigt man auf Grastritten so weit ab, bis man über Geröll, das vorsichtiges Gehen erfordert, in die Scharte hineinqueren kann. Von dort geht es auf der Steigspur, die man von oben besser erkennt als beim Aufstieg, zum Weg hinab.

Tourendaten

Ausgangsort:	Parkplatz Faistenoy (Talstation der Fellhornbahn) – 904 m	
Stützpunkt:	Rappenseehütte – 2092 m	
Gipfel:	Rotgundspitze 2485 m	
Steighöhen und	Vom Parkplatz zur Hütte:	1200 m – 4 Stunden
Gehzeiten:	Von der Hütte zum Gipfel und zurück:	400 m – 2½ Stunden
	Von der Hütte zum Parkplatz:	3 Stunden
Charakter:	Eine sehr lohnende Tour mit leichter Gratkletterei (eine Stelle II, umgehbar) und eindrucksvollem Ausblick insbesondere auf die Gipfel der Mädelegabelgruppe und hinab ins Bacherloch.	

Tourenprofil mit Gehzeiten (Stunden)

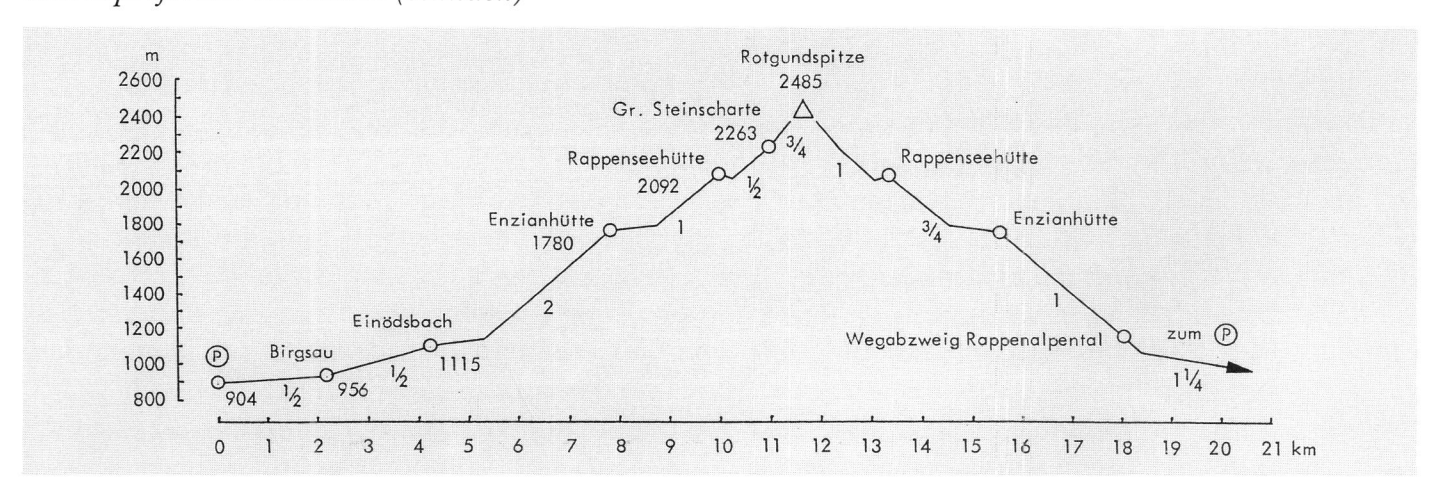

Mädelegabelgruppe

Zusammen mit der Hochlichtgruppe bildet die Mädelegabelgruppe den höchsten und alpinsten Abschnitt des Allgäuer Hauptkammes. Durch den vielbegangenen Heilbronner Weg sind beide Gruppen bestens erschlossen. Häufig bestiegen werden allerdings nur die Gipfel, die von diesem Höhenweg aus leicht erreichbar sind wie Hohes Licht und Mädelegabel sowie Steinschartenkopf und Bockkarkopf, über die der Weg unmittelbar führt. Auch die anspruchsvollere Trettachspitze, die meist vom Waltenberger Haus aus bestiegen wird, ist bei Klettergewandten ein beliebtes Ziel. Weitgehend unbeachtet bleibt dagegen die Hochfrottspitze, mit 2648 Metern nach dem Großen Krottenkopf und dem Hohen Licht der dritthöchste Berg der Allgäuer Alpen, ein sehr lohnendes Ziel mit schöner Rundsicht, allerdings schwieriger zugänglich als seine berühmte Nachbarin, die Mädelegabel. Ein Berg, so recht geschaffen für bergerfahrene anspruchsvolle Genießer.

⑰
Hochfrottspitze und Berge der Guten Hoffnung

Die Hochfrottspitze vom Nordostrücken des Bockkarkopfs. Man schaut auf den Südsüdwestgrat des Ostgipfels. Nach links zieht der Westgrat hinab. Darüber die Trettachspitze

Ausgangspunkt im Tal sind wie bei den Touren ⑮ und ⑯ die Parkplätze Faistenoy an der Talstation der Fellhornbahn. Unser erstes Ziel ist das Waltenberger Haus. Nach einer Stunde erreichen wir Einödsbach. Von dort wandern wir auf dem beschilderten markierten Weg an der kleinen Kapelle vorbei taleinwärts. Er führt an den Hängen des Bacherlochs in den hintersten Talabschnitt, während der Sommerzeit durch ein üppiges Pflanzenparadies, umgeht am Talschluß ausholend eine steile Hangstufe und erreicht nach seilversicherter Querung über dem Abbruch in langen Kehren die auf einer Terrasse am Fuß des Westlichen Bergs der Guten Hoffnung schön und aussichtsreich gelegene Hütte. Mächtig ragt über einem tief eingeschnittenen Hochtal, dem Schneeloch, der Linkerskopf empor, über dessen Nordrücken die Schafalpen hervorschauen.

Wenn Sie nicht den Ehrgeiz haben, noch am gleichen Tag unser Hauptziel, die Hochfrottspitze zu überschreiten, bietet sich als kleine hübsche Nachmittagstour die Besteigung des Westlichen Berges der Guten Hoffnung an. Das hat gleichzeitig den Vorteil, daß Sie den letzten Teil der Abstiegsroute vom Westgrat der Hochfrottspitze kennenlernen, und der reizende, in einer knappen Stunde unschwierig erreichbare „Hüttenberg" des Waltenberger Hauses bietet wirklich faszinierende Ausblicke, steil hinab auf die Hütte, ins Bacherloch und seine Umrahmung. Dennoch wird er selten bestiegen. Für diesen Abstecher folgen wir etwa 20 Minuten dem Weg zur Bockkarscharte, verlassen ihn dort, wo er sich den Felsabbrüchen des Hochfrottspitzwestgrats am weitesten genähert hat und steigen steil über Geröll zum Ansatz einer auffallenden breiten, im unteren Teil plattigen Rinne auf, entweder direkt oder etwas weniger steil von rechts her. Die Rinne ist gut gestuft, doch erfordern die geröllbedeckten Platten konzentriertes trittsicheres Steigen. Sie verengt sich weiter oben und weicht den kompakten Felsen nach links aus. Über eine kleine Einschartung gelangen wir einige Meter absteigend in eine enge Nachbarrinne, die mit leichter Rechtsbiegung unmittelbar zur Scharte am Östlichen Berg der Guten Hoffnung hinaufzieht. Sie bildet später die Route für den Abstieg von der Hochfrottspitze über den Westgrat. Für den Aufstieg zum Westlichen Berg der Guten Hoffnung benützen wir ein Geröllband, das genau da beginnt, wo wir die Nachbarrinne erreichen. Auf dem Band steigen wir ohne Schwierigkeit zur Scharte zwischen den beiden Bergen der Guten Hoffnung empor. Von dort sind es nur noch wenige Minuten über den Schrofenrücken zur Gipfelkuppe. Beeindruckend ist vor allem der Blick nach Südwesten über das hinterste Bacherloch hinweg auf die Rotgundspitze und den steilflankigen Linkerskopf. Im Osten steht ganz nah der Gipfelturm des Östlichen Berges der Guten Hoffnung mit seinem jähen, sehr schwierigen Westgrat. – Zurück zur Hütte auf dem Anstiegsweg.

*Abstieg im oberen Teil der Rinne
unterhalb der Berge der Guten Hoffnung*

Für die Besteigung der Hochfrottspitze über den Südsüdwestgrat geht es von der Hütte zunächst auf dem markierten Weg zur Bockkarscharte zwischen Hochfrottspitze und Bockkarkopf hinauf, wo man etwas absteigend auf den Heilbronner Weg trifft. Von der Scharte zieht der Südsüdwestgrat mit einer Steighöhe von rund 100 Metern und einer Länge von etwa 250 Metern, im Mittel gar nicht besonders steil, zum Südgipfel. Allerdings weist er, wie man auf dem am Nordostrücken des Bockkarkopfs aufgenommenen Bild erkennen kann, drei Felsaufschwünge auf. Die direkte Überkletterung der beiden oberen ist schwierig, sie werden in steilen, aber guttrittigen Schrofen rechts umgangen. Am schwierigsten ist der letzte Aufschwung vor dem Südgipfel (II). Der Rücken bis zum ersten Aufschwung, der Abschnitt zwischen den Aufschwüngen und das letzte Stück zum Südgipfel bieten leichte Kletterei (I). Der unterste Aufschwung dicht an der Scharte kann direkt erklettert werden. Bequemer ist es, ihn auf einem Band rechts zu umgehen und dann über leichte Schrofen zur Grathöhe oberhalb des Aufschwungs emporzusteigen. Das Ganze dauert etwa 30 Minuten, der unschwierige Übergang zum etwas höheren Nordgipfel (Hauptgipfel mit Buch) 10 Minuten. – Hermann von Barth hat die Hochfrottspitze am 16. Juni 1869 im Anschluß an die Mädelegabel als erster bestiegen, über die Ostflanke vom damals noch größeren Ferner, also vom heutigen Heilbronner Weg aus.

Unser Abstieg vom Hauptgipfel führt über den langen, sehr brüchigen geröllbedeckten Westgratrücken. Seine Schwierigkeit ist nur mit I zu bewerten, doch ist wegen der Geröllauflage vorsichtiges und konzentriertes Gehen unbedingt notwendig. Wir steigen zunächst einige Höhenmeter zu einer kleinen Scharte im Nordgrat ab. Hier leitet eine enge Geröllrinne nach links zu einem Band, dem wir so weit folgen, bis wir auf Schrofentritten zu einem etwas tiefer gelegenen Band absteigen können. Es führt in eine schmale Grateinsenkung, aus der wir nach wenigen Höhenmetern auf die nun breite Abdachung des Westrückens gelangen, die auf die gesamte Länge bis zum Östlichen Berg der Guten Hoffnung überschaubar ist und keine Hindernisse aufweist. Die kleinen plattigen Stufen überwindet man am besten in der Geländeform angepaßten Kehren, wo oft auch Trittspuren erkennbar sind. Dicht vor der Scharte geht der Rücken in ein kurzes Gratl über. Es kann links im Geröll ein Stück absteigend umgangen werden. Besser ist es, an der linken Seite des einleitenden Türmchens einige Meter anzusteigen und auf Bändern etwas unterhalb der Grathöhe zur Scharte zu queren, über der sich der Östliche Berg der Guten Hoffnung emporschwingt. Wenn Sie ihn besteigen wollen, sollten Sie zumindest den unteren Grataufschwung mit Seilsicherung angehen, da der Fels nicht zuverlässig ist. Über dem Absatz gibt es nur noch leichte Schrofenkletterei, der oberste Kamm ist Gehgelände. Der Aufstieg von der Scharte dauert je nach Sicherung $1/4$ bis $1/2$ Stunde.

Zum Abstieg von der Scharte dient die bei der Beschreibung des Aufstiegs zum Westlichen Berg erwähnte enge Rinne. Bemühen Sie sich, keine Steine abzulassen, gehen Sie konzentriert und bleiben

Hochfrottspitze und Berge der Guten Hoffnung

Sie mit Ihren Begleitern dicht beisammen. Dort, wo von rechts das Geröllband herunterkommt, wechseln Sie nach links über die kleine Einschartung in die Nachbarrinne hinüber und steigen vollends über das plattige Geschröf zum Weg und zur Hütte ab.

Die Berge der Guten Hoffnung vom Bockkarkopf. Man erkennt deutlich das Rinnensystem, das von der Scharte zwischen dem Östlichen Berg und dem Hochfrottspitz-Westgrat herabzieht.

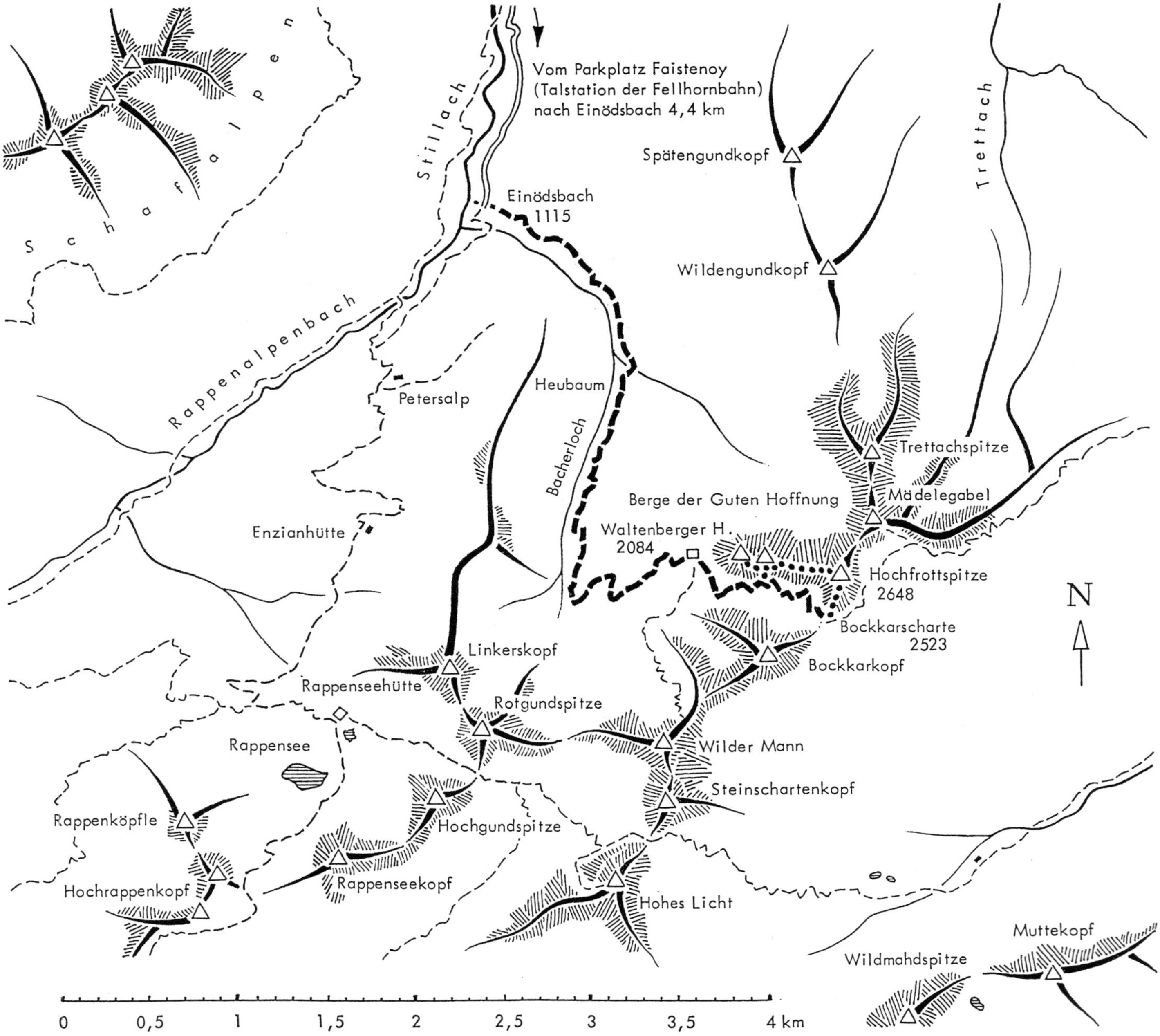
Vom Parkplatz Faistenoy
(Talstation der Fellhornbahn)
nach Einödsbach 4,4 km
Stillach
Schafalpen
Rappenalpenbach
Einödsbach
1115
Spätengundkopf
Wildengundkopf
Trettach
Petersalp
Heubaum
Bacherloch
Enzianhütte
Berge der Guten Hoffnung
Waltenberger H.
2084
Trettachspitze
Mädelegabel
Hochfrottspitze
2648
Bockkarscharte
2523
Bockkarkopf
Linkerskopf
Rappenseehütte
Rotgundspitze
Rappensee
Wilder Mann
Steinschartenkopf
Rappenköpfle
Hochgundspitze
Hochrappenkopf
Rappenseekopf
Hohes Licht
Muttekopf
Wildmahdspitze
N
0
0,5
1
1,5
2
2,5
3
3,5
4 km

Hochfrottspitze und Berge der Guten Hoffnung

Tourendaten

Ausgangsort:	Parkplatz Faistenoy (Talstation der Fellhornbahn) – 904 m	
Stützpunkt:	Waltenberger Haus – 2084 m	
Gipfel:	Hochfrottspitze 2648 m – Östl. Berg der Guten Hoffnung 2415 m – Westl. Berg der Guten Hoffnung – 2388 m	
Steighöhen und Gehzeiten:	Vom Parkplatz zur Hütte:	1180 m – 3½ Stunden
	Von der Hütte über die Hochfrottspitze und auf beide Berge der Guten Hoffnung:	740 m – 5 bis 5½ Stunden
	Ohne Östl. Berg der Guten Hoffnung:	680 m – 4 bis 4½ Stunden
	Nur Hochfrottspitze:	600 m – 3½ bis 4 Stunden
	Nur Westl. Berg der Guten Hoffnung:	310 m – 1½ bis 2 Stunden
	Von der Hütte zum Parkplatz:	2½ Stunden
Charakter:	Landschaftlich reizvoller Aufstieg durchs Bacherloch zum Waltenberger Haus. Die Überschreitung der Hochfrottspitze über Südsüdwestgrat und Westgratrücken setzt Kletterfertigkeit (II) und Übung in geröllbedeckten Schrofen voraus. Der Abstecher zum Östlichen Berg der Guten Hoffnung erfordert Beherrschung des III. Schwierigkeitsgrades (Seilsicherung). Die auch für sich allein lohnende Besteigung des Westlichen Bergs der Guten Hoffnung ist leicht, verlangt aber trittsicheres Gehen im Felsbereich. Eine in der Gesamtkonzeption anspruchsvolle, aber für Geübte sehr interessante Tour auf den dritthöchsten Berg der Allgäuer Alpen.	

Tourenprofil mit Gehzeiten (Stunden)

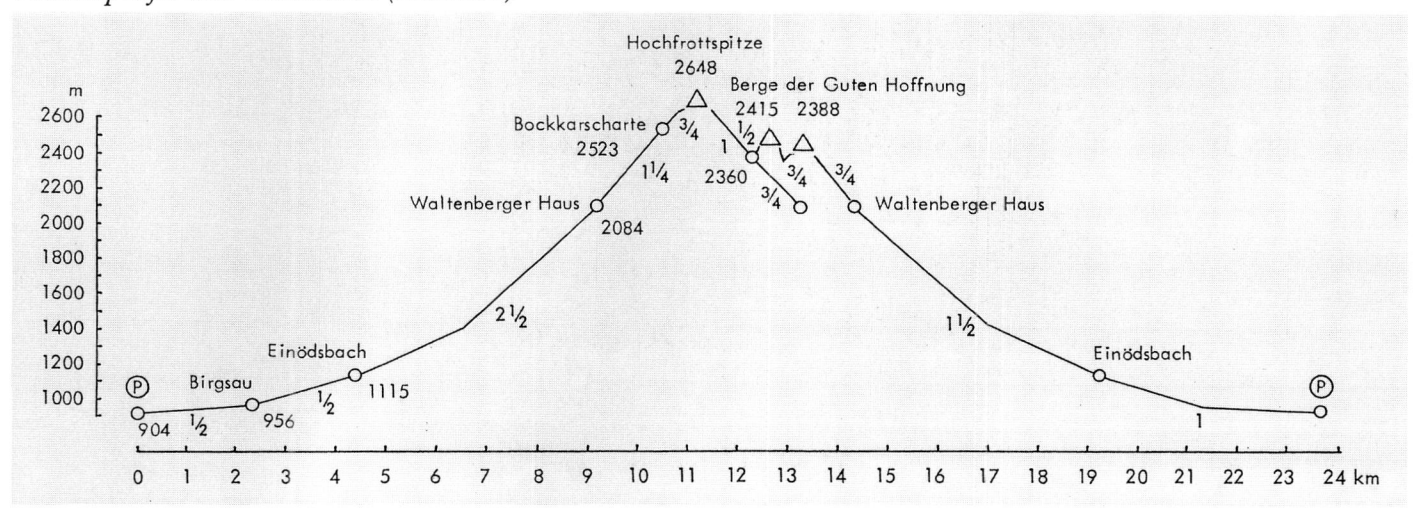

Krottenspitzgruppe

Die schöngeformten Berggestalten von Öfnerspitze und Krottenspitze, die durch einen elegant geschwungenen Grat miteinander verbunden sind, bilden das interessanteste und alpinste Ziel dieser Gruppe des Allgäuer Hauptkammes zwischen Mädelejoch und Hornbachjoch. Als Tagestour aus dem Tal sind sie zu weit abgelegen, doch bietet die Kemptner Hütte einen günstigen Stützpunkt. Allerdings sollten Sie die Anforderungen an die Besteigung dieses Gipfelpaars nicht unterschätzen. Obwohl sie klettertechnisch noch mit I zu bewerten sind, verlangt besonders der Aufstieg zur Öfnerspitze Übung und Erfahrung in brüchigem Schrofengelände und einen Sinn für die Beurteilung und günstigste Ausnützung der Geländestruktur. Insgesamt gehört die Tour zu den anspruchsvolleren Bergfahrten dieses Buches.
Zur Hütte wird meist vom Parkplatz Freibergsee bei Oberstdorf über Spielmannsau und durch den Sperrbachtobel aufgestiegen. Das ist recht lang, und der oft bis in den Sommer hinein schneegefüllte Tobel kann mitunter unangenehm sein. Kürzer und sicherer ist der Aufstieg aus dem Lechtal von Holzgau aus, der landschaftlich schöner ist und den langen Talhatscher nach Spielmannsau vermeidet. Er ist auch weniger anstrengend, denn der Ausgangspunkt liegt 300 Meter höher.

⑱ Muttlerkopf, Öfnerspitze und Krottenspitze

Für den Aufstieg zur Kemptner Hütte parken wir wie bei Tour ④ in Holzgau unterhalb der Kirche. Abwechslungsreich zieht der gute Weg in mäßiger Steigung im klammartig eingeschnittenen Tal des Höhenbachs, dann am Simmswasserfall mit seiner eindrucksvollen Felsumrahmung vorbei zur Unteren Roßgumpenalpe und, nun steiler, zum Mädelejoch, von dem die Hütte in kurzem Abstieg rasch erreicht ist.

Von der Hütte folgen wir zunächst dem markierten Weg zum Mädelejoch, von dem nach einigen Minuten der Steig zum Oberen Mädelejoch abzweigt. Ein kleines Stück hinter dem welligen Joch gabelt sich der Weg: Geradeaus geht es hinab ins Roßgumpental – unsere späteren Abstiegsvarianten 1 und 2 – nach links hinauf zum Muttlerkopf (Muttler). Der rot markierte Steig, der nach Osten ausholend in mehreren Kehren über die grasige, mäßig steile Südostflanke geführt ist, bietet keinerlei Schwierigkeiten. Nach insgesamt 1¼stündigem Aufstieg erreichen wir den geräumigen Gipfel, der nach Westen mit steiler Wand abbricht und von der Hütte einen imposanten Eindruck macht. Es ist ein hervorragender Aussichtspunkt, der die Aufstiegmühe wert ist, gleichgültig, ob man nun direkt über den Verbindungskamm zur Scharte vor der Öfnerspitze weitergeht oder wieder ins Öfnerkar absteigt und von dort aus die Scharte gewinnt. Im Südwesten bilden die Gipfel der Mädelegabelgruppe mit dem zerklüfteten Kratzer eine markante Kulisse, während im Osten der Große Krottenkopf aufragt, der höchste Gipfel der Allgäuer Alpen. Besonders instruktiv für uns ist der Blick nach Nordosten auf die von Bändern durchzogene Öfnerspitze mit ihrem feingliedrigen Südwestgrat, in dessen Bereich wir aufsteigen wollen, und die Krottenspitze mit dem zerrissenen türmereichen Westgrat, dem „Krottenspitzgrat".

Für die Fortsetzung unserer Tour haben wir zwei Möglichkeiten, deren erstes Ziel die Scharte zwischen Muttlerkopf und Öfnerspitze ist: Der direkte Übergang dorthin ist wesentlich anspruchsvoller, aber kürzer und weniger mühsam als die Umgehung im Kar. Doch sollte ihn sich nur zutrauen, wer den Schwierigkeitsgrad II sicher beherrscht. Zunächst geht es auf dem schrofigen, grasigen Grat 50 Höhenmeter hinab in einen Sattel und von dort ansteigend über Schrofen und Blockwerk auf einen begrünten Kopf mit einem Vermessungsstein, bis hierher ohne jede Schwierigkeit. Der Kopf bricht mit fast senkrechter etwa 8 Meter hoher Wand in die Scharte ab. Zum oberen Ende der Wand gelangt man in einer kurzen Rechtskehre auf guten Tritten. Die Wand ist durch schmale waagerechte Leisten gegliedert, die den Abstieg ermöglichen, denn außer den Leisten gibt es kaum Haltepunkte. An die unterste Leiste schließt eine 1 Meter hohe etwas überhängende Stufe an. Glücklicherweise hat die Kraft, die die Berge schuf, hier ein etwa 40 cm breites Band angesetzt, auf das man sich, gestützt auf die Leiste, hinabläßt. Ohne das Band wäre der Abstieg wesentlich schwieriger, doch ist er auch so mit II zu bewerten. Nun einige Schritte bis zum engen Spalt zwischen der Wand und einem kleinen Felszacken, zu dem man hinüberspreizt. In der dahinterliegenden schmalen Rinne steigt man einige Meter ab und umgeht den dicken Gratturm rechts auf breitem Felsabsatz. Damit ist die Scharte als Ausgangspunkt für die Besteigung der Öfnerspitze erreicht.

Leichter aber mühsamer ist es, vom Muttlerkopf auf dem markierten Weg so weit abzusteigen, bis man am östlichen Ende der langen obersten Kehre auf meist deutlicher Pfadspur ins Kar hineinqueren kann. Die Pfadspur verliert sich bald. Man steigt nun weglos über Gras und Geröll am linken Rand des Kars auf und trifft nach Überschreiten einer schwach ausgebildeten grasigen Geländewelle auf ein Geröllfeld, das man noch etwa 200 Meter leicht ansteigend quert, bis man die von der Scharte herabkommende breite Rinne ganz einsehen kann, und steigt nun im Geröll zum Beginn der Rinne und an ihrem rechten Rand zur Scharte empor.

Die günstigste Route für den Aufstieg zur Öfnerspitze verläuft im Bereich des Südwestgrats, der unmittelbar an der Scharte ansetzt. Sie ist kaum schwieriger als der – als Normalweg geltende – Anstieg über die Geröllbänder der Westflanke, den Hermann von Barth bei seiner Besteigung von Öfnerspitze und Krottenspitze am 25. August 1869, der ersten von dieser Seite, ausführte, und sogar etwas kürzer. An der Scharte folgt man zunächst einem schmalen Geröllband etwa 50 Meter zu einer kleinen Schulter (Steinmann) und steigt nun nach rechts auf deutlicher Trittspur zum Grat empor. Leichte Schrofen leiten einige Meter rechts unterhalb der Grathöhe zu einem sperrenden Felskopf, vor dem man wieder auf den Grat quert. Man steigt weiter auf dem gutgestuften Grat, Absätze und Felsköpfe auf Geröllbändern links umgehend und immer die leichtesten Durchstiegsmöglichkeiten nützend, an den Gipfelkopf heran, und erreicht dort auf blockigen Stufen rasch den höchsten Punkt. Man trifft auf dieser Route wiederholt auf Steinmänner, die das Zurechtfinden erleichtern. Dennoch ist gutes Orientierungsvermögen bei dieser Besteigung unerläßlich.

Unser nächstes Ziel ist die Krottenspitze. Der Abstieg in den Sattel vollzieht sich links von der Grathöhe auf plattigen, geröllbedeckten Bändern, die durch kurze Stufen unterbrochen sind. Die 108 Höhenmeter machen keine Schwierigkeit, wenn man sich immer an die von oben gut erkennbaren günstigsten Durchstiege hält. Leicht ist der dann folgende Aufstieg zur Krottenspitze über den bequemen Südostrücken, wo Trittspuren zum Gipfel leiten.

Zurück auf der Anstiegsroute. Dabei wird die Öfnerspitze nicht nochmals überschritten, sondern vom Sattel nur so weit aufgestiegen, bis man den Gipfelkörper auf Geröllbändern und kleinen schrofigen Stufen umgehen und zur Scharte zwischen Öfnerspitze und Muttlerkopf absteigen kann. Am linken Rand der Rinne geht es ins Öfnerkar hinunter und dort, wie für den Aufstieg beschrieben, zum Muttlerkopfweg und zum Oberen Mädelejoch.

Wer nun nicht zur Kemptner Hütte absteigen, sondern direkt nach Holzgau zurückkehren will, folgt

Öfnerspitze und Krottenspitze vom Kreuzeck. Links der Große Krottenkopf

am Joch dem nach links ins oberste Becken des Roßgumpentals ziehenden markierten Weg. Er stößt im Quellbereich des Roßgumpenbachs auf eine Kreuzung, an der nach links der Steig zur Krottenkopfscharte und zum Großen Krottenkopf abzweigt. Hier bieten sich für die Fortsetzung unserer Tour zwei Varianten an: Rückweg auf dem rot gekennzeichneten Pfad am Roßgumpenbach entlang, der später auf den von der Kemptner Hütte herabkommenden Weg trifft (Variante 1) oder über die Jöchelspitze (Variante 2). Dieser an den Westhängen des Jöchelspitzkammes geführte Höhenweg ist besonders hübsch. Eine prächtige Aussicht belohnt den zeitlichen Mehraufwand (45 Minuten) und die zusätzliche Steigmühe von 250 Höhenmetern. Von der Wegkreuzung geht es zunächst leicht ansteigend über die welligen Westhänge des Ramstallkopfs zum Klämmle, einer 35 Meter hohen Geröll- und Schrofenrinne mit kurzer Seilsicherung, und oberhalb zur Abzweigung unterm Karjoch. – Hier kann man zum Karjoch zwischen Ramstallkopf und Strahlhorn-Nordeck mit seinem imponierenden Wandabbruch aufsteigen und die sehr reizvolle Überschreitung des gesamten Jöchelspitzkammes durchführen, wie sie in meinem Buch „Bergtouren mit Pfiff" in umgekehrter Richtung beschrieben ist. – Unser Weg leitet in leichtem Auf und Ab zur flachen Einsenkung des Rothornjochs, von dem die Jöchelspitze schnell erreicht ist. Sie bietet eine herrliche Aussicht hinab ins Lechtal und auf die darüber emporragenden Lechtaler Alpen mit der Wetterspitze gerade gegenüber. Von der Jöchelspitze führt der markierte Steig über die freien Hänge – für Blumenfreunde im Frühsommer eine Augenweide –, später durch Wald und über Wiesenmatten nach Holzgau zurück.

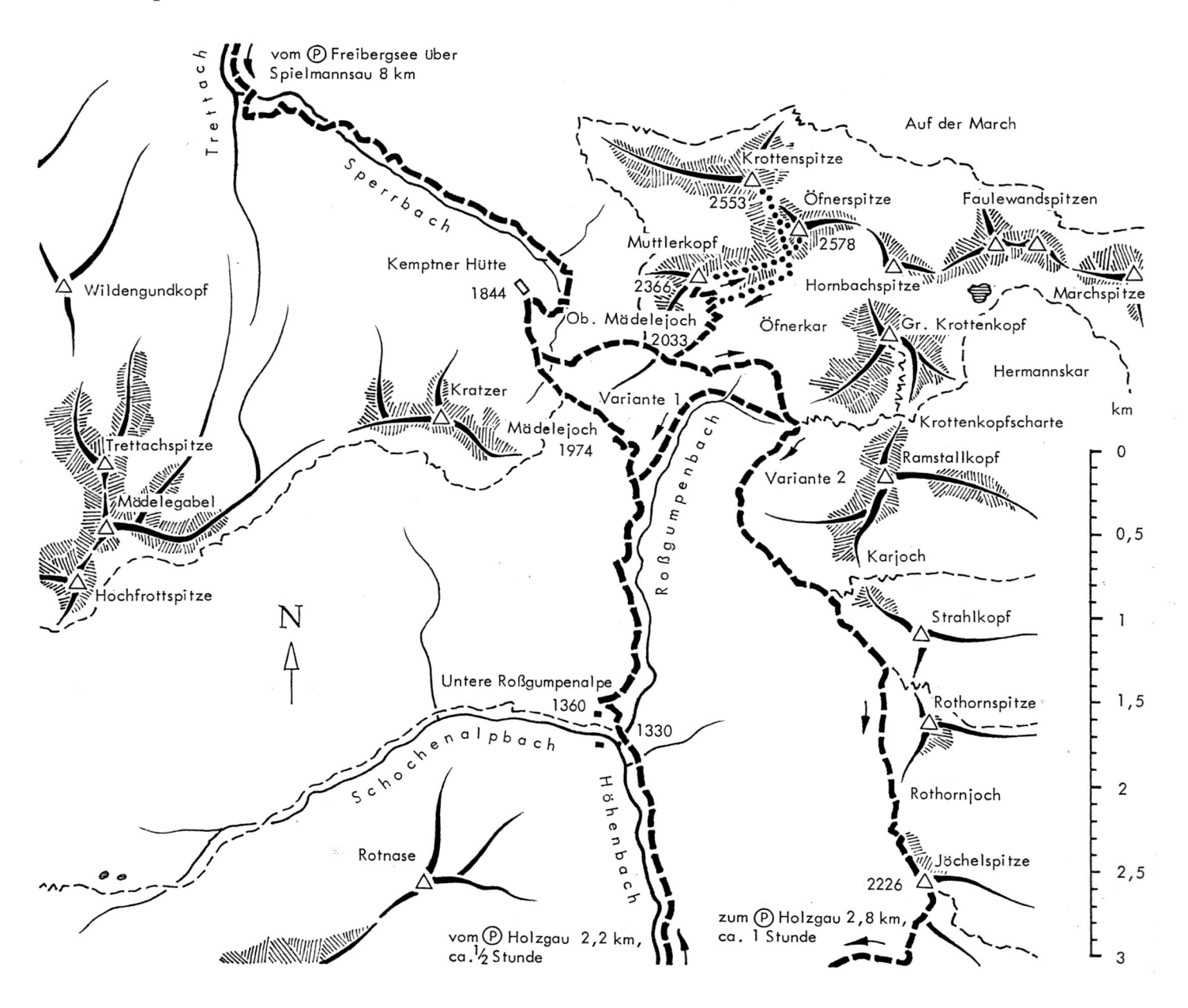

Muttlerkopf, Öfnerspitze und Krottenspitze 135

Tourendaten

Ausgangsorte:	Holzgau (Lechtal) – 1100 m
	Parkplatz Freibergsee bei Oberstdorf – 800 m
Stützpunkt:	Kemptner Hütte – 1844 m
Gipfel:	Muttlerkopf 2366 m – Öfnerspitze 2578 m – Krottenspitze 2553 m – (Jöchelspitze 2226 m)

Steighöhen und Gehzeiten:

Von Holzgau zur Hütte:	880 m – 2¾ Stunden
Vom Parkplatz Freibergsee zur Hütte:	1050 m – 4 Stunden
Von der Hütte über die drei Gipfel mit Abstieg zur Hütte:	950 m – 5 bis 5½ Stunden
durchs Roßgumpental:	1030 m – 7½ bis 8 Stunden
über die Jöchelspitze:	1280 m – 8 bis 8½ Stunden

Bei Umgehung des Wandls am Muttlerkopf im Öfnerkar 40 Höhenmeter und ¼ Stunde mehr.

Charakter: Eine abwechslungsreiche Tour in einem interessanten Abschnitt des Allgäuer Hauptkammes, die bei Überschreitung der Öfnerspitze Orientierungssinn, Übung im Schrofengelände und leichte Kletterei (I) erfordert. Der direkte Übergang vom Muttlerkopf zur Scharte vor der Öfnerspitze bietet mäßig schwierige (II) und sehr ausgesetzte Kletterei, die Umgehung im Öfnerkar ist leicht, der Rückweg nach Holzgau über die Jöchelspitze besonders lohnend.

Tourenprofil mit Gehzeiten (Stunden)

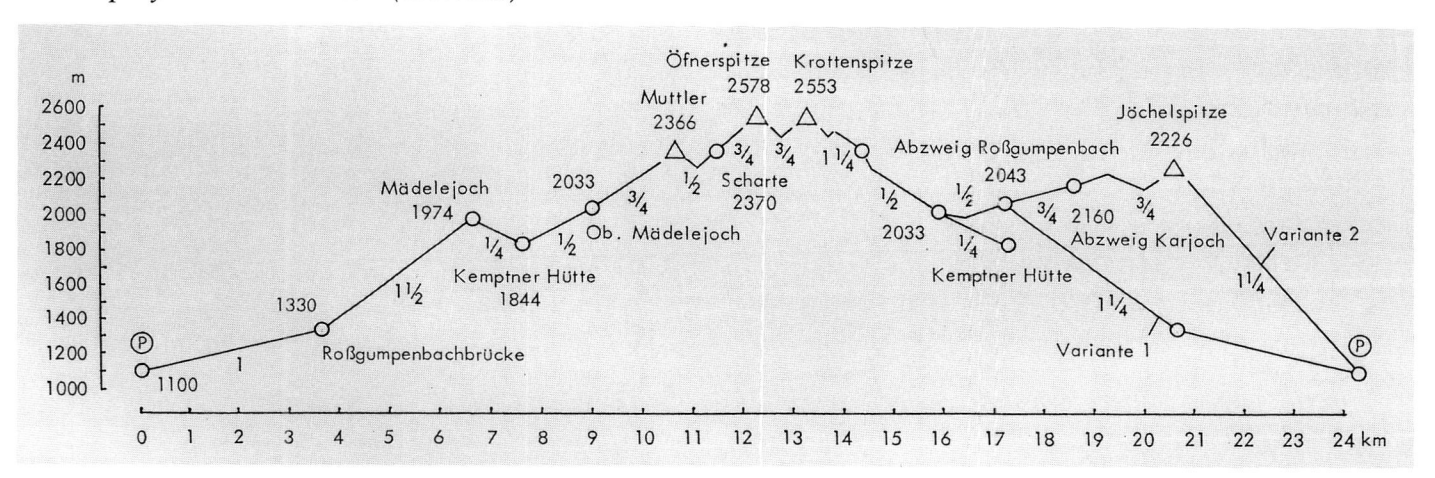

Wildengruppe

Kern- und Höhepunkt dieses Abschnitts des Allgäuer Hauptkammes sind der Große und Kleine Wilde, an die sich im Süden die beiden Felszacken der Höllhörner anschließen. Nach Westen bricht der dreigipflige Große Wilde in steilen, gut gegliederten Wänden auf die Hänge des Wildenfelds ab, während im Osten eine ausgedehnte Hochfläche über Felsstufen aus dem Jochbachtal bis an den von dieser Seite schrofigen Süd- und Mittelgipfel heranzieht. Der höchste Berg der Wildengruppe läßt sich nur von der Hochfläche her ohne Schwierigkeit ersteigen. Von Westen, etwa von der Höfats, aber auch vom Kanzberg im Südosten bieten er und seine Trabanten einen eindrucksvollen Anblick.
Dieser höchste und alpinste Teil der Wildengruppe ist ziemlich einsam. Das liegt vor allem daran, daß die Zugänge von der Oberstdorfer Seite her sehr lang sind. Eigenartigerweise wird die Besteigung allgemein von dieser Seite aus unternommen. Als Tagestour von Oberstdorf oder vom Oytalhaus ist das außerordentlich anstrengend. Vor allem ist der „Normalanstieg von Westen" zum Hauptgipfel des Großen Wilden und zum Nördlichen Höllhorn, von den Wildenfeldhüttchen zur Wildenfeldscharte, ein elender, über 400 Meter hoher Geröllschinder. Ich habe ihn bei meiner ersten Besteigung des Großen Wilden im Oktober 1979 kennen – und verfluchen – gelernt. Seitdem gehe ich diese Gipfel nur noch von Hinterhornbach aus an. Der Anstieg von dort ist nicht nur wegmäßig kürzer, sondern es sind auch über 300 Höhenmeter weniger zu überwinden.

⑲ Nördliches Höllhorn und Kleiner Wilder

Südliches und Nördliches Höllhorn, Kleiner Wilder und Großer Wilder Südgipfel vom Kanzberg

Dies ist eine der anstrengendsten und auch anspruchsvollsten Touren dieses Buchs. Sie verlangt einen ausdauernden, mit jedem Gelände vertrauten Geher, der den II. Schwierigkeitsgrad sicher beherrscht. An Vielseitigkeit läßt sie nichts zu wünschen übrig: Felsige Abschnitte mit relativ festem, griffigen Gestein, längere Geröllpassagen vorwiegend im Abstieg, schmale, mitunter ausgesetzte Bänder, Grasschrofen. Selbst die markierten Wege, vor allem das Wegstück von den Wildenfeldhüttchen zum Hornbachjoch, erfordern stellenweise vorsichtiges, konzentriertes Gehen. Zudem muß man mit einer Gehzeit zwischen 9 und 10 Stunden rechnen. Wer diesen Anforderungen gewachsen ist, erlebt eine abwechslungsreiche, alpin interessante Tour mit schönen Ausblicken, vor allem auf den östlichen Teil der Hornbachkette und auf die Höfats.

In Hinterhornbach parken wir am besten am Ortsende im Bereich der Jochbachbrücke (Gufelbrücke) und wandern über die Brücke auf dem gewundenen Sträßlein zu den letzten Häusern. Hier zweigt nach rechts ein Weg ab, der kurz darauf ins Jochbachtal einschwenkt und hoch über dem Talgrund fast horizontal an den Hängen des Kanzbergs entlangführt. An der Wegteilung hinter dem Gatter benützt man am besten den rechten, zum Jochbach leicht fallenden Waldweg, der in den Talgrund hinableitet und dort auf einem Steg den Bach überquert. Der linke Weg führt auch in den Talgrund. Die steglose Überschreitung des Baches ist an dieser Stelle bei Niedrigwasser gut möglich, bei Hochwasser jedoch problematisch. Man kann dann zwar auf einem schmalen Pfad an der linken Bachseite bis zur nächsten Brücke gehen, aber auch er hat seine Tücken, da einige Runsen gequert werden müssen, die meist bis in den Sommer hinein mit Lawinenresten gefüllt sind, was die Begehung sehr erschwert. Benützen Sie also besser den rechten Weg.

Nach einem kurzen Wegstück am Bach entlang erreichen wir den weiten grünen Boden der Jochbachalpen. Bald darauf überschreiten wir einen kleinen Zufluß des Jochbachs, den Wildenbach, überqueren nochmals den Jochbach und streben durch das wilde gewundene Tal, mehrmals über tief eingerissene, vom Kanzberg herabstreichende Runsen, deren Geröll den Weg verschiedentlich arg beeinflußt, dem Talschluß zu. Hier zieht der Weg in vielen kurzen Kehren zum Hornbachjoch hinauf. Noch weit unterhalb des Jochs, bei etwa 1840 m, verlassen wir den Weg am Wendepunkt einer Kehre bei einem auffallenden hellen Steinblock mit roter Markierung nach rechts und gehen horizontal eine Geröllfurche überschreitend zu einem breiten Einschnitt in der vor uns aufragenden Wandflucht mit einer scharf eingerissenen, nach links emporziehenden Rinne, die den Aufstieg zur Hochfläche oberhalb der Wand vermittelt. Ich wäre wohl kaum auf die Idee gekommen, hier aufzusteigen, wenn mir nicht ein alter Schäfer, den ich einige Tage vorher bei den Jochbachhütten traf, diesen Hinweis gegeben hätte. Die Hinterhornbacher, so erzählte der Schäfer, führen durch diese Rinne ihre Schafe auf die Hochfläche. Mich hat das sehr beeindruckt, nachdem ich die Rinne durchstiegen hatte. Bis dahin hätte ich das nur Gemsen zugetraut.

Nördliches Höllhorn und Kleiner Wilder

Am Einstieg zur Rinne oberhalb der Grasschrofen

Vom Einstieg geht es zuerst über Grasschrofen, dann auf einem Band mit einer schmalen, etwas abdrängenden Stelle an die Rinne heran. Hier steigt man im Grund der Rinne über gestuften Fels empor, umgeht eine Verengung, quert gleich wieder in die Rinne hinein, weicht einer sperrenden Wand auf guten Tritten nach links aus und erreicht am Schluß über Geröll und Schrofen den Ausstieg auf die Hochfläche. Vom Einstieg in die Grasschrofen sind das knapp 100 Höhenmeter. Der weitere Anstieg auf der Hochfläche auf Grastritten und über Geröll ist leicht. Unterhalb der felsigen Gipfelkrone des Nördlichen Höllhorns treffen wir auf Pfadspuren, die von der Wildenfeldscharte herüberkommen. Sie umgehen den Felsaufbau rechts und ziehen in einer Kehre zu dem von dieser Seite harmlosen Gipfel, der nach Süden mit fast senkrechter Wand niederbricht. Im Norden ragt steil unser nächstes Ziel, der Kleine Wilde auf, neben dem der Südgipfel des Großen Wilden hervorschaut.

Zur Fortsetzung unserer Tour steigen wir zur Hochfläche ab und queren auf undeutlichem Pfad im Geröll ein Stück unterhalb der Felswände des Kleinen Wilden, dann unmittelbar am Rand der Felsen hinüber zu der breiten Rinne, die von der Wildenfeldscharte herunterkommt, und steigen hier mühsam, im oberen Teil am besten in den plattigen Schrofen der rechten Begrenzung, die etwa 70 Höhenmeter zur Scharte auf. Das ist ein kleiner Vorgeschmack dessen, was einen beim Aufstieg zur Scharte von der anderen Seite erwarten würde. Im Abstieg ist das zwar viel weniger mühsam, doch erfordert die meist nur dünne Geröllauflage in dem steilen Gelände vorsichtiges trittsicheres Gehen. Hier steigen wir so weit ab, bis wir nach links zu plattigen, meist wasserüberronnenen Bändern hinüberqueren können, die ansteigend zur in der Nordwestflanke des Kleinen Wilden eingelagerten Geröllabdachung leiten. Diese feuchten, teils auch geröllbedeckten Bänder sind mit größter Vorsicht zu begehen. Auf der Abdachung steigen wir zu einer tief eingeschnittenen Nische etwa in der Mitte der sperrenden Wandstufe empor. Das Durchsteigen dieser Wandstufe zu dem darüberliegenden Geröllfeld ist der schwierigste Teil des Anstiegs (II). Er ist jedoch leichter als der Weiterweg in der rechts von der Nische abzweigenden breiten Rinne, die zu den Felsen im Bereich des Westgrats führt. Den ersten Absatz an der Nische überwinden wir auf ansteigendem Felsband oder in der engen Rinne rechts davon und klettern dann in einer links hinaufziehenden plattigen, von einer etwas überhängenden Wand begrenzten Rinne auf den nächsten Absatz. Von hier geht es, nun leichter, über Schrofenstufen zum oberen Geröllfeld, in dem wir auf ein Schärtchen links vom Gipfel mit einem spitzen Felstürmchen zugehen. Den letzten Aufstieg zum Schärtchen vermitteln Bänder und kurze, gut gangbare Felsstufen. Auf der anderen Seite der Gipfelkrone leitet ein schmales, stellenweise ausgesetztes Band zu einem kurzen grasigen Hang, über den man rasch den Gipfel gewinnt. Besonders eindrucksvoll ist der Blick von hier auf die Höfats, die sich von ihrer wildesten Seite zeigt.

Auf der Anstiegsroute steigen wir zu dem von der Wildenfeldscharte herunterziehenden Geröllhang ab. Achten Sie vor allem bei der Durchsteigung der Wandstufe oberhalb der Nische und auf den Bän-

Nördliches Höllhorn und Kleiner Wilder

Die Höfats vom Gipfel des Kleinen Wilden

dern unterhalb der Geröllabdachung gut auf die beschriebene Routenführung. Auf dem Geröllhang, der wegen der meist nur dünnen Geröllauflage nur stellenweise zügigen Abstieg zuläßt, erreichen wir bald den markierten Weg an den Wildenfeldhüttchen, der unterhalb der vom Kleinen Wilden und von den Höllhörnern herabstreichenden Wandfluchten, tief eingeschnittene Runsen auf schmalen erdigen Tritten überquerend, zum Hornbachjoch führt. Von dort geht es, unweit des Jochs über eine tiefe, im Sommer 1990 entstandene Geröllfurche durchs Jochbachtal nach Hinterhornbach zurück.

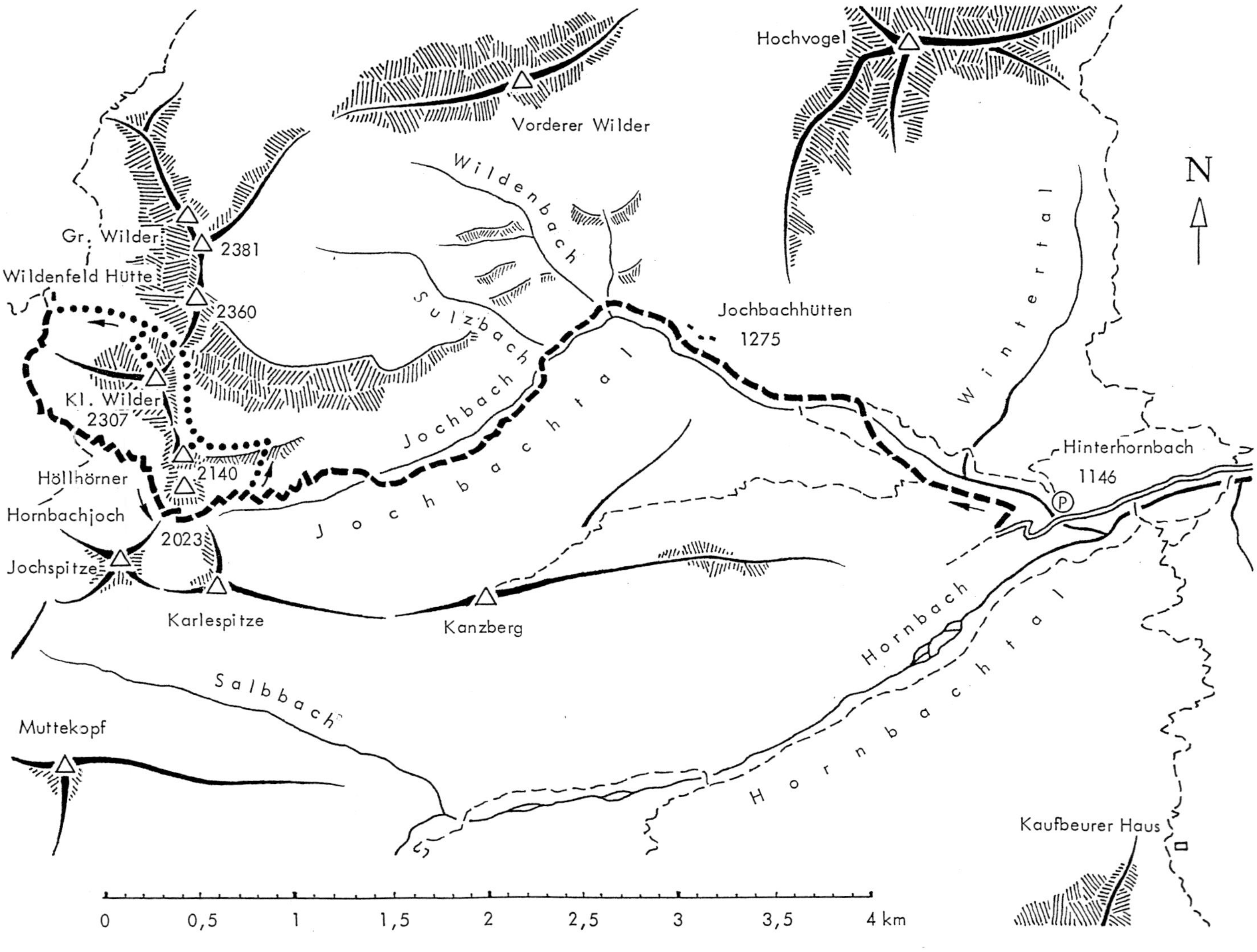

Hochvogel
Vorderer Wilder
Wildenbach
N
Gr. Wilder
2381
Wildenfeld Hütte
2360
Sulzbach
Jochbachhütten
1275
Wintertal
Kl. Wilder
2307
Jochbach
Jochbachtal
Hinterhornbach
1146
Höllhörner
2140
Hornbachjoch
2023
Jochspitze
Karlespitze
Kanzberg
Hornbach
Hornbachtal
Salbbach
Muttekopf
Kaufbeurer Haus
0
0,5
1
1,5
2
2,5
3
3,5
4 km

Nördliches Höllhorn und Kleiner Wilder

Tourendaten

Ausgangsort:	Hinterhornbach, Gufelbrücke – 1146 m	
Gipfel:	Nördliches Höllhorn 2140 m – Kleiner Wilder 2307 m	
Steighöhen und Gehzeiten:	Gesamttour:	1780 m – 9 bis 10 Stunden
	Nur Nördliches Höllhorn bei Rückkehr auf der Anstiegsroute (Variante 1):	1070 m – 5½ bis 6 Stunden
	bei Rückkehr übers Hornbachjoch (Variante 2):	1410 m – 7 bis 8 Stunden
Charakter:	Eine abwechslungsreiche Tour im alpinsten Teil der Wildengruppe, die beim Durchsteigen der vom Nördlichen Höllhorn herabziehenden Wandflucht und an der felsigen Stufe in der Nordwestflanke des Kleinen Wilden einige Kletterfertigkeit (II) verlangt. Die Besteigung nur des Nördlichen Höllhorns mit Rückkehr übers Hornbachjoch ist eine verhältnismäßig bequeme, bei zusätzlichem Aufstieg zum Kleinen Wilden eine anstrengende Tagestour. Ein Stützpunkt steht nicht zur Verfügung.	

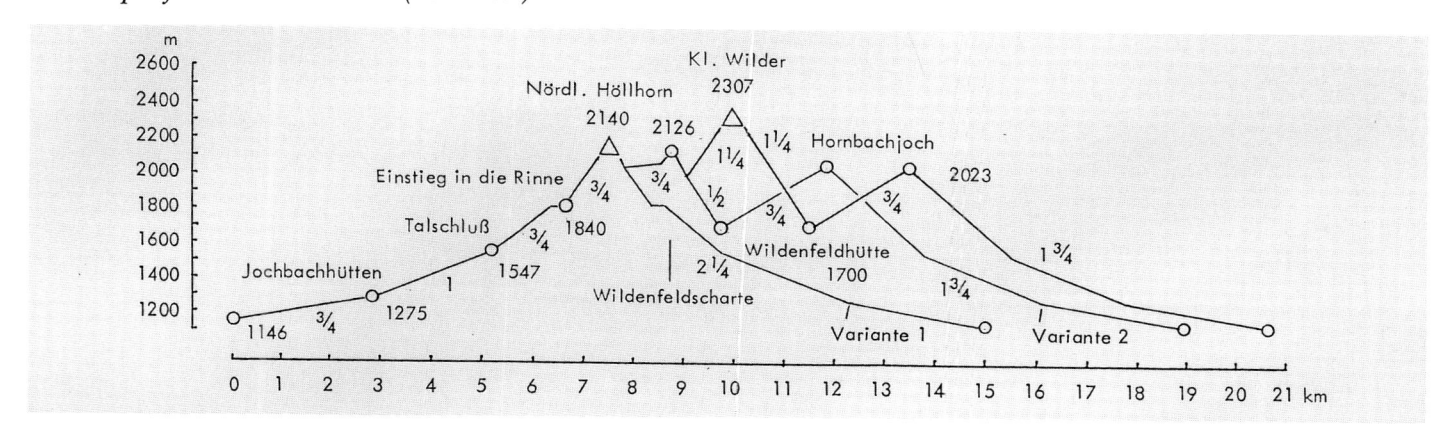

Tourenprofil mit Gehzeiten (Stunden)

⑳ Großer Wilder

Blick von der Hochfläche östlich des Großen Wilden auf die Hornbachkette von der Klimmspitze bis zur Schöneckerscharte

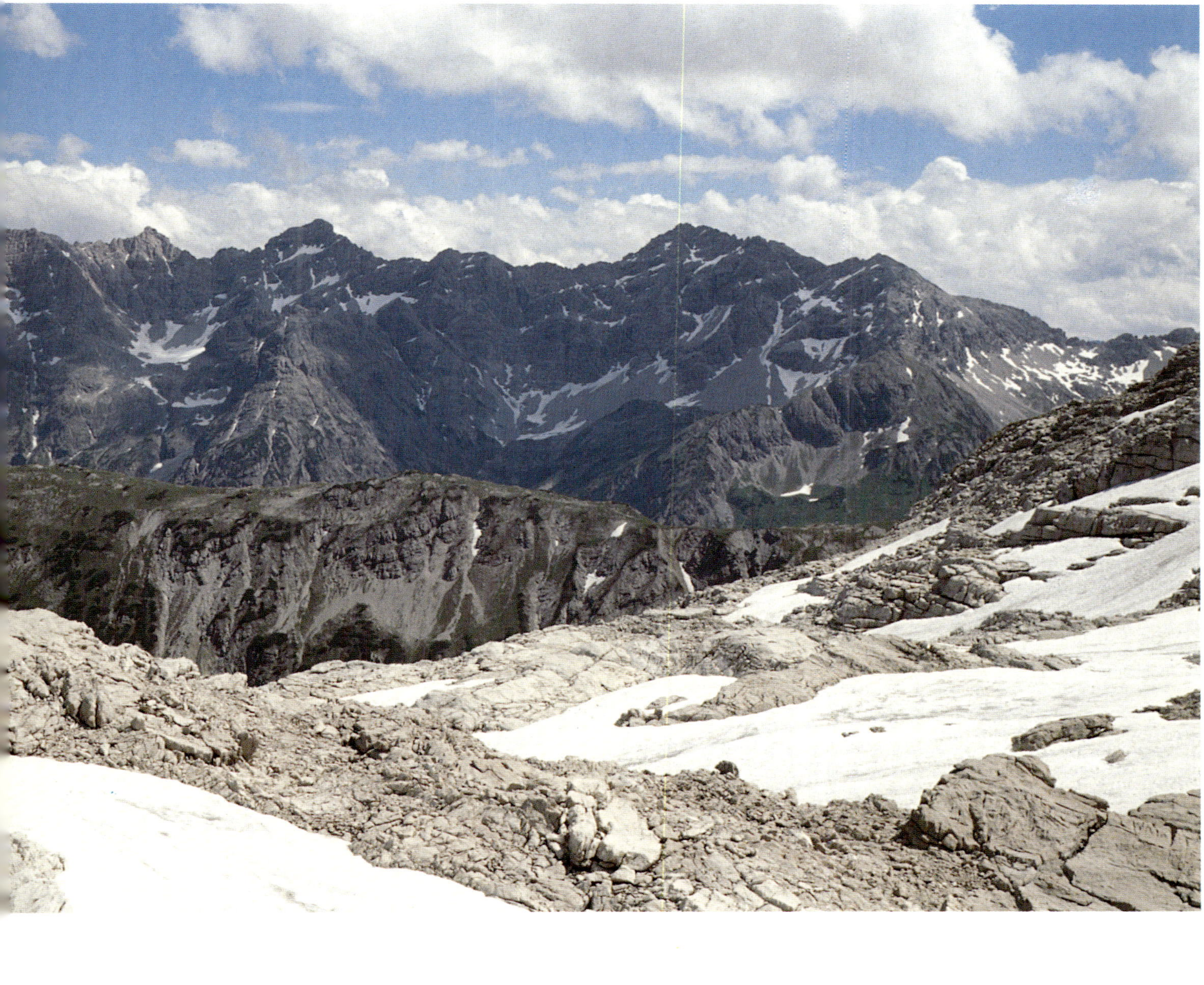

Der dreigipflige Große Wilde, Namensgeber und höchste Erhebung der Wildengruppe, wird meist aus dem Oberstdorfer Raum bestiegen, über die Wildenfeldscharte oder über den Himmelecksattel. Der Aufstieg vom Wildenfeldhüttchen zur Wildenfeldscharte ist ein sehr anstrengender übler Geröllschinder, die anschließende Querung auf Bändern unter den Felsen der Ostabstürze des Südgipfels stellenweise heikel, und die Besteigung vom Himmelecksattel aus durch die Gamswanne zunächst über sehr steiles Gras ist auch nicht das Wahre, während der Anstieg zum Nordgipfel über dessen Nordgrat, Route Hermann von Barths bei der Erstbesteigung des Nordgipfels am 11. Juli 1869, mäßig schwierige Kletterei bietet. Leichter und landschaftlich interessanter ist der direkte Anstieg von Osten aus dem Jochbachtal von Hinterhornbach aus. Auch er ist mühsam – es gibt keine mühelosen Aufstiege zum Großen Wilden – aber doch insgesamt weniger anstrengend als die Besteigung aus dem Oberstdorfer Raum, denn der Ausgangspunkt in Hinterhornbach liegt 300 Meter höher. Allerdings erfordert dieser Anstieg aus dem Jochbachtal einen ausgeprägten Orientierungssinn, die Mitnahme von Kompaß und Alpenvereinskarte Allgäuer – Lechtaler Alpen Ostblatt ist dringend zu empfehlen.

Solange gute Sicht herrscht, ist die Orientierung in den weiten weglosen Karren- und Geröllfeldern östlich des Gipfels nicht schwierig, doch wenn plötzlich Nebel einfällt, wird sie ein großes Problem. Ich habe mich bei einer Besteigung Mitte Juli 1990, als ich fast übergangslos bei strahlendem Himmel von Quellwolken eingehüllt war, die sich bis in Talnähe ausdehnten, nur mit Hilfe von Karte und Kompaß rechtzeitig nach Hinterhornbach zurückgefunden.

In Hinterhornbach parken wir wie bei Tour ⑲ an der Gufelbrücke und wandern wie dort beschrieben zu den Jochbachhütten. Kurz danach überschreiten wir den Wildenbach. Hier haben wir den ersten Abschnitt unseres Aufstiegs unmittelbar vor uns: Links vom Bach zieht eine von jungen Fichten durchsetzte Graszunge zu einer breiten im linken Teil aufgewölbten Wandstufe empor, die etwa in der Mitte durchstiegen wird. Auch weiter oben wird der Hang durch mehrere ähnliche, aber niedrigere Stufen unterbrochen. Es wäre langwierig, die jeweils günstigsten Durchschlupfmöglichkeiten zu finden, wenn da nicht ein Steiglein wäre, das, blaß markiert mit einigen sporadisch auftretenden kräftigeren Rottupfern, durch die Stufenzone zur Hochfläche östlich des Großen Wilden leitet. Leider wird das Steiglein erst etwas unterhalb der ersten Wandstufe erkennbar. Bis dahin müssen wir weglos aufsteigen.

Wir verlassen den Weg im Jochbachtal kurz hinter dem Wildenbach, am besten bei dem Stein mit der großen Nummer „38", und gehen auf dem sanft geneigten Grasrücken links oberhalb des Baches an die steilere obenerwähnte Graszunge heran. Hier steigen wir, mitunter schon auf Trittspuren, auf den rechten Teil der Wandstufe zu und treffen bald auf die Kehren des Steigleins. Es überwindet die Stufe auf guten Tritten in einer engen Rinne und erreicht den darüber ansetzenden von Latschen durchzogenen Grashang, der an die nächste Stufe stößt. Sie wird rechts umgangen. Wir betreten eine zwischen dem Wildenbach und seinem westlichen Seitenarm eingebettete Grasrampe, über die der weitere Anstieg erfolgt. Die Trittspuren in der Alpenvereinskarte sind an dieser Stelle nicht richtig eingezeichnet, der Steig verläuft weiter östlich und wendet sich erst hier nach Westen. Achten Sie gut auf den manchmal undeutlichen Steig und die Markierung, nur er vermittelt in dem unübersichtlichen Gelände einen problemlosen Aufstieg. Durch Latschengassen und über Grasrampen schlängelt sich der schmale Pfad geschickt empor zwischen dem Seitenarm des Wildenbachs und dem Sulzbach, der in steilen Kaskaden und mehreren eindrucksvollen Wasserfällen ins Jochbachtal hinabstürzt. Er ist wichtig für unsere Orientierung in diesem Abschnitt. Bevor wir die Hochfläche erreichen, können wir uns rechts vom Sulzbach halten oder auf Trittspuren die Zone der Bachkaskaden – landschaftlich sehr reizvoll – durchqueren und dahinter über Grasrampen die Hochfläche gewinnen. Dieser Abschnitt stellt an die Beurteilung der Geländestruktur und der günstigsten Durchstiegsmöglichkeiten die größten Anforderungen. Prägen Sie sich auch gut wichtige Geländemerkmale für den Rückweg ein, damit Sie später zum Steiglein zurückfinden.

Auf der gewellten, von kurzen Schrofen- und Karrenstufen unterbrochenen Hochfläche, deren oberer Teil meist bis weit in den Sommer hinein von Schnee bedeckt ist, gehen wir auf die nun sichtbaren Gipfel des Großen Wilden zu. Am besten ist es, den linken Gipfel, den Südgipfel, anzusteuern und auf dem schrofigen, gutgestuften Ostrücken dorthin aufzusteigen. Der Übergang auf deutlichen Trittspuren zum Mittelgipfel (Hauptgipfel) macht keinerlei Schwierigkeiten und ist in 15 Minuten geschafft. Er bietet eine prächtige Aussicht auf den alles überragenden Hochvogel, auf die gesamte Hornbachkette, auf die Gipfel des Allgäuer Hauptkammes und den nahen Nordgipfel, zu dem ein felsiger Grat (II) hinüberzieht.

Beim Abstieg kehren wir zum Sattel zwischen Hauptgipfel und Südgipfel zurück und beginnen dann in östlicher Richtung die Überschreitung der Hochfläche möglichst genau in der Anstiegslinie. Es ist zweckmäßig, gleich den Kompaß auf die Abstiegsrichtung einzustellen, um keine unliebsamen Überraschungen bei etwaigem plötzlichen Auftreten von Quellwolken zu erleben. Bei guter Sicht sollte das Auffinden des Steigleins kein Problem sein. Es leitet uns sicher ins Jochbachtal zurück.

Unterschätzen Sie diese Tour aber nicht. Das großartige Bergerlebnis wird durch einen fünfstündigen Aufstieg erkauft, für den Abstieg muß man mit dreieinhalb Stunden rechnen. Hinsichtlich des Orientierungsvermögens stellt sie die größten Anforderungen aller Touren dieses Buches.

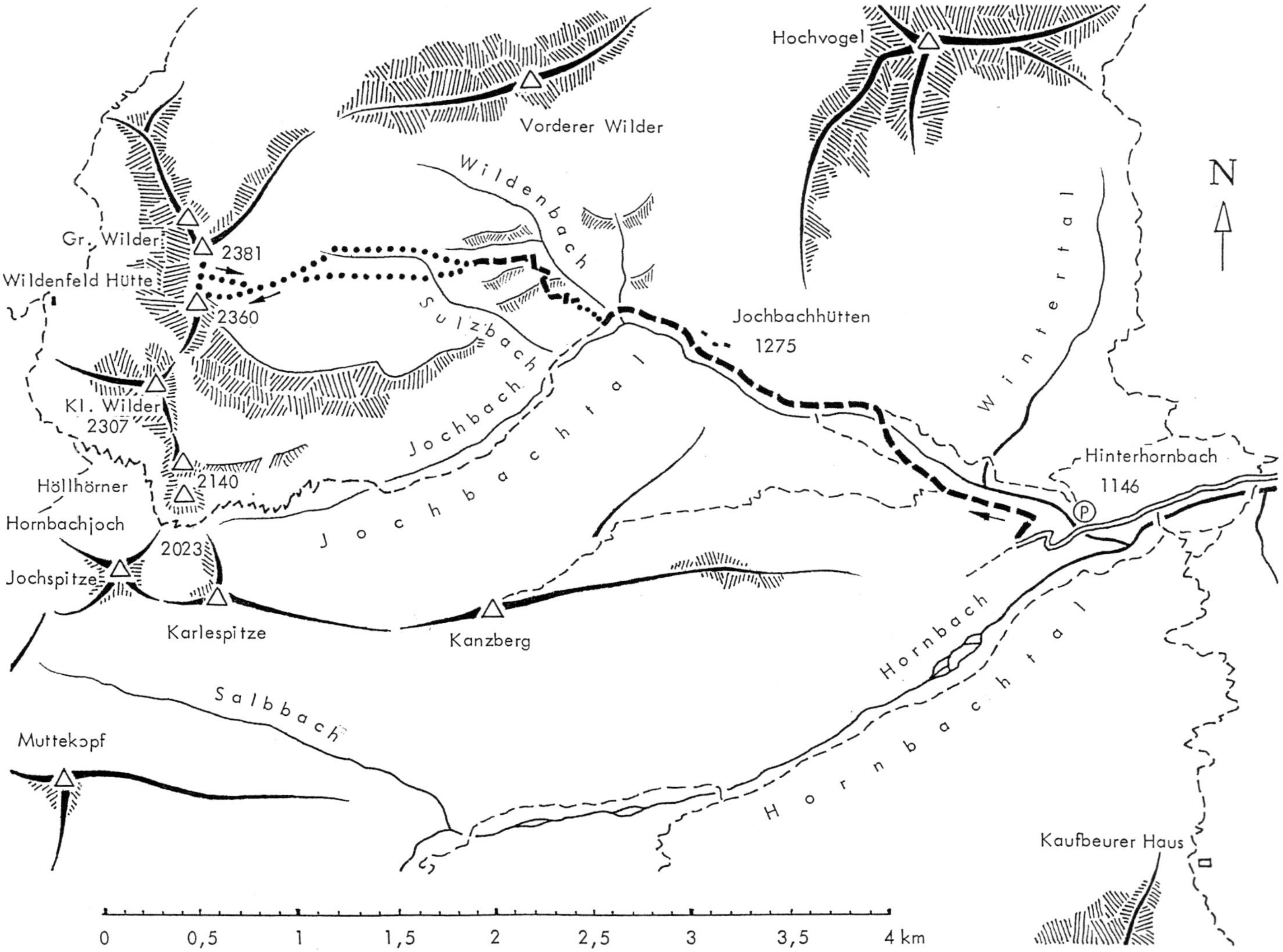

Großer Wilder

Tourendaten

Ausgangsort:	Hinterhornbach, Parkplatz an der Gufelbrücke – 1146 m
Gipfel:	Großer Wilder, Südgipfel 2360 m – Mittelgipfel 2381 m
Steighöhe und Gehzeit:	1330 m – 8 bis 9 Stunden
Charakter:	Eine anstrengende, landschaftlich sehr interessante Tour auf den höchsten Gipfel der Wildengruppe, die hinsichtlich der klettermäßigen Anforderungen als leicht einzustufen ist, aber erhebliche Ansprüche an das Orientierungsvermögen und das weglose Gehen stellt. Nur bei beständigem Wetter. Die Mitnahme von Karte und Kompaß ist dringend zu empfehlen.

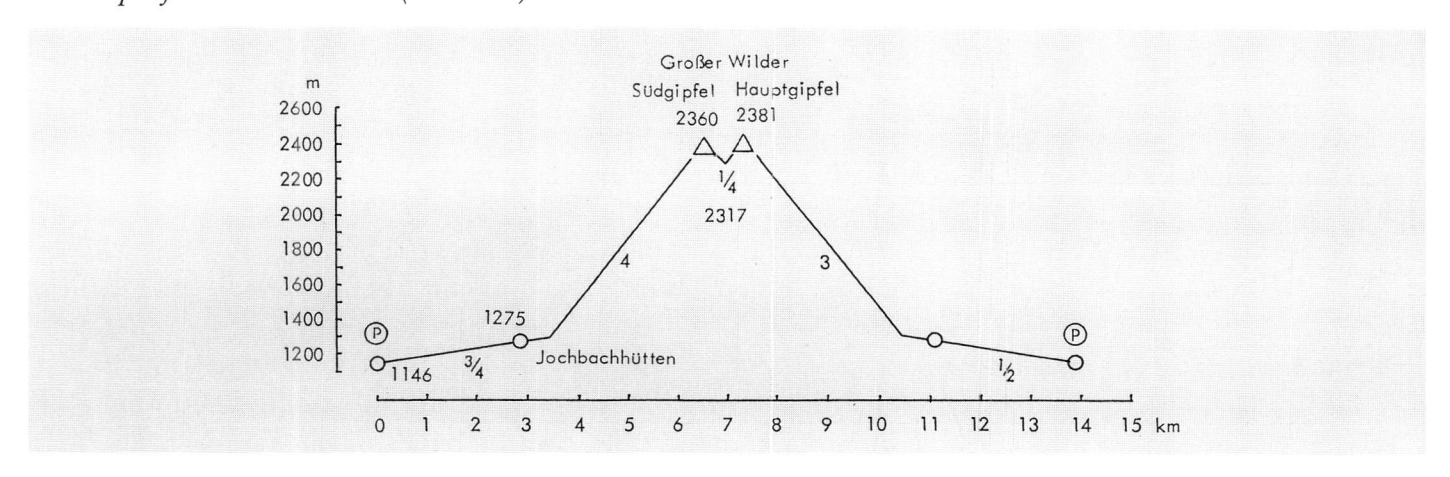

Tourenprofil mit Gehzeiten (Stunden)

Roßzahngruppe

Das ist nun ganz gewiß die einsamste Gruppe der Allgäuer Alpen. Nicht, weil die Gipfel zu schwierig sind – sie sind mit Ausnahme von Jochumkopf und Östlicher Roßkarspitze auf den einfachsten Routen klettermäßig sogar leicht –, sondern weil die Anmarschwege außerordentlich lang sind. Doch darf dieses Gebiet in einem Buch, das nicht alltägliche Touren in den Allgäuer Alpen verspricht, nicht fehlen.
Die zwischen Hornbachtal, Lechtal und Schwarzwassertal eingebettete Gruppe zweigt am Hochvogel über den Fuchsensattel vom Allgäuer Hauptkamm ab. Sie bietet mit ihren zerklüfteten, fast an die Dolomiten erinnernden Felsgipfeln vor allem von Süden, also etwa vom östlichen Ende der Hornbachkette aus, einen für die Allgäuer Alpen ungewohnten Anblick.
Der Hauptteil der Gruppe umschließt in Form eines nach Norden offenen Hufeisens das Große Roßkar. Von hier lassen sich die meisten Gipfel zwar mühsam, aber ohne Schwierigkeit besteigen. Nur die nach Osten vorgeschobene Grubachspitze, von der man jedoch keinen Einblick ins Große Roßkar hat, ist durch einen markierten Steig von Vorderhornbach aus mit wenig Mühe zugänglich. Sie ist der einzige Gipfel der Roßzahngruppe, der etwas häufiger bestiegen wird. Die Grubachspitze bietet schöne Tiefblicke ins Lechtal und eine umfassende Aussicht auf die gesamte Hornbachkette. Verhältnismäßig gut erreichbar ist auch die Stallkarspitze, die die östliche Begrenzung des Großen Roßkars bildet. Der beste und leichteste Zugang ist von Vorderhornbach aus mit Benützung des Steigs zur Grubachspitze (Tour ㉑).
Wer die Allgäuer Alpen wirklich kennenlernen will, muß einmal im Großen Roßkar gewesen sein und wenigstens einige der Gipfel seiner Umrahmung bestiegen haben. In einer Tagestour vom Tal aus ist das allerdings kaum möglich. Vielmehr muß man im Großen Roßkar biwakieren, im Biwaksack oder leichten Bergsteigerzelt mit Schlafsack. Bei günstigen Wetterverhältnissen ist das ein unvergleichliches Erlebnis. Man fühlt sich an den Rand einer Wüste versetzt. Bei einem Biwak haben mein Begleiter und ich das Große Roßkar nur mit Hunderten von Schafen geteilt, die tagsüber in den ausgedehnten Geländewellen des Kars kaum zu entdecken waren und erst gegen Abend auftauchten, als sie, wohlgeordnet in kleinen Trupps, sich sammelten und in langen Ketten zum Südostkamm des Kleinen Roßzahn emporzogen – dunkle Silhouetten vor einem mattleuchtenden Abendhimmel. Mich hat das sehr beeindruckt. Ich nehme an, daß man dieses Bild häufig zu sehen bekommt, denn die Schafe verbringen den ganzen Sommer im Kar.
Die lohnendsten Ziele aus dem Großen Roßkar sind der Kleine und der Große Roßzahn, höchster Gipfel und Namensgeber der Gruppe. Ihre Besteigung ist bei Tour ㉒ beschrieben.

㉑
Stallkarspitze und Grubachspitze

In Vorderhornbach stellen wir den Wagen am besten auf einem kleinen Parkplatz unterhalb der Kirche ab, an dem unser Aufstiegsweg unmittelbar beginnt. Man erreicht ihn, indem man an der Straßenkurve am Ortseingang geradeaus weiterfährt. Der mit „Grubachspitze" beschilderte Weg zieht zunächst eben, dann steiler am Wiesenhang empor, trifft nach 10 Minuten auf einen Fahrweg und tritt gleich darauf, nun deutlich und rot markiert, in den Wald ein, wo er stellenweise steil an den Osthängen der Grubachspitze aussichtsreich entlangführt. Bald nach Einschwenken ins Wiesbachtal biegt unser Weg, nicht beschildert aber deutlich markiert, an einem ebenerdigen Jagdstand scharf nach links ab – hier nicht geradeaus weitergehen! – und wendet sich nach 80 Höhenmetern wieder dem Wiesbachtal zu. Erst wenig steigend, dann fast horizontal in leichtem Auf und Ab erreichen wir nach anderthalb Stunden eine Weggabel: Nach links geht es über den Nordostrücken auf die Grubachspitze, geradeaus in weitem Bogen ins Hornbachkar und von dort zum gleichen Ziel. Natürlich wird kaum jemand diesen erheblichen Umweg machen, wenn er nur die Grubachspitze im Sinn hat. Für uns hat dieser mit „übers Kar Grubachspitze" beschilderte, in letzter Zeit verbesserte und deutlich markierte Steig den Vorteil, daß er problemlos ins Hornbachkar führt und damit den Übergang ins Haldenkar zur Besteigung der Stallkarspitze erleichtert. Das Durchfinden vom Hornbachkar zum Haldenkar, nicht die Besteigung der Stallkarspitze selbst, ist die eigentliche Anforderung dieser Tour.
Wir verlassen den Steig im grasigen, latschendurchsetzten Hornbachkar an der Stelle, wo er leicht fallend nach links abbiegt und zur Grubachspitze hinüberzieht. Zunächst gilt es, die Kammhöhe des das Hornbachkar rechts begrenzenden Rückens mit möglichst wenig Gegenanstieg zu erreichen. Dazu benützen wir eine der Latschengassen. Bei einiger Aufmerksamkeit findet man sich rechts haltend sogar eine Pfadspur, die zum Kamm emporführt. Auf dem Kamm treffen wir auf einen kleinen Pfad, dem wir bis zu einem latschenfreien Grasrücken folgen. Hier in 1860 Meter Höhe beginnt rechterhand eine erkennbare Trittspur, die den von schmalen Latschengürteln durchzogenen Hang ziemlich horizontal quert. Man muß einige Male durch abgetretene Äste steigen, dahinter ist der Pfad wieder zu erkennen. Wir gelangen ins Haldenkar und wenden uns nun in grasigen, den begrenzenden Kämmen parallel laufenden flachen Rinnen dem hintersten Ende des Kars zu. Im Geröll, bis in den Sommer hinein auch über Schneereste steigen wir zu den letzten Graszungen des Kars auf, die an einer Geröllrinne enden. In ihr, am besten in den schrofigen Tritten der linken Begrenzung, gewinnen wir etwas mühsam in einer kleinen Scharte den Ansatz des Nordrückens der Stallkarspitze. Auf dem Rücken, der keine Hindernisse bietet, geht es über Geröll, Blockwerk und leichte Schrofen zum Gipfel mit Kreuz und Buch. Die Stallkarspitze wird selten besucht. Bei meiner letzten Besteigung Ende

Juli 1990 fand ich für dieses Jahr nur sechs Eintragungen vor. Die Besteigung ist halt etwas langwierig und erfordert gutes Orientierungsvermögen, doch belohnt eine umfassende Aussicht die Aufstiegsmühen: Auf die Lechtaler Alpen, auf die Gipfel der Hornbachkette und vor allem auf die Umrahmung des Großen Roßkars, in das man nirgends so guten Einblick erhält wie von der Stallkarspitze.
Hermann von Barth hat die Stallkarspitze, damals Hochmahdspitze genannt, im September 1869 als erster bestiegen, noch dazu bei schlechtem Wetter, allerdings auf einer anderen Route, wobei er den

Von der Stallkarspitze bietet sich ein instruktiver Blick auf das Große Roßkar und seine Umrahmung

Stallkarspitze und Grubachspitze

Blick von der Grubachspitze auf die von Wolken umspielte Stallkarspitze

Gipfel aus den Böden des Roßkarbachs über die Nordwestflanke erreichte. Vermutlich ist er übers Sattele ins Roßkarbachtal gelangt. Er stieg dann ins Schwarzwassertal ab und ging über Kirchdachsattel und Schrecksee nach Hinterstein. Wenn man sich das auf der Karte anschaut, möchte man es als Tagesleistung für kaum möglich halten. Aber er war außergewöhnlich ausdauernd und ging seine Touren meist schon um 4 Uhr morgens an.
Auf dem Nordrücken steigen wir zur Rinne und ins Haldenkar ab und queren dann auf der Pfadspur – hoffentlich haben Sie sich die Eintrittsstelle im Kar gut gemerkt – ins Hornbachkar hinüber. Sollte

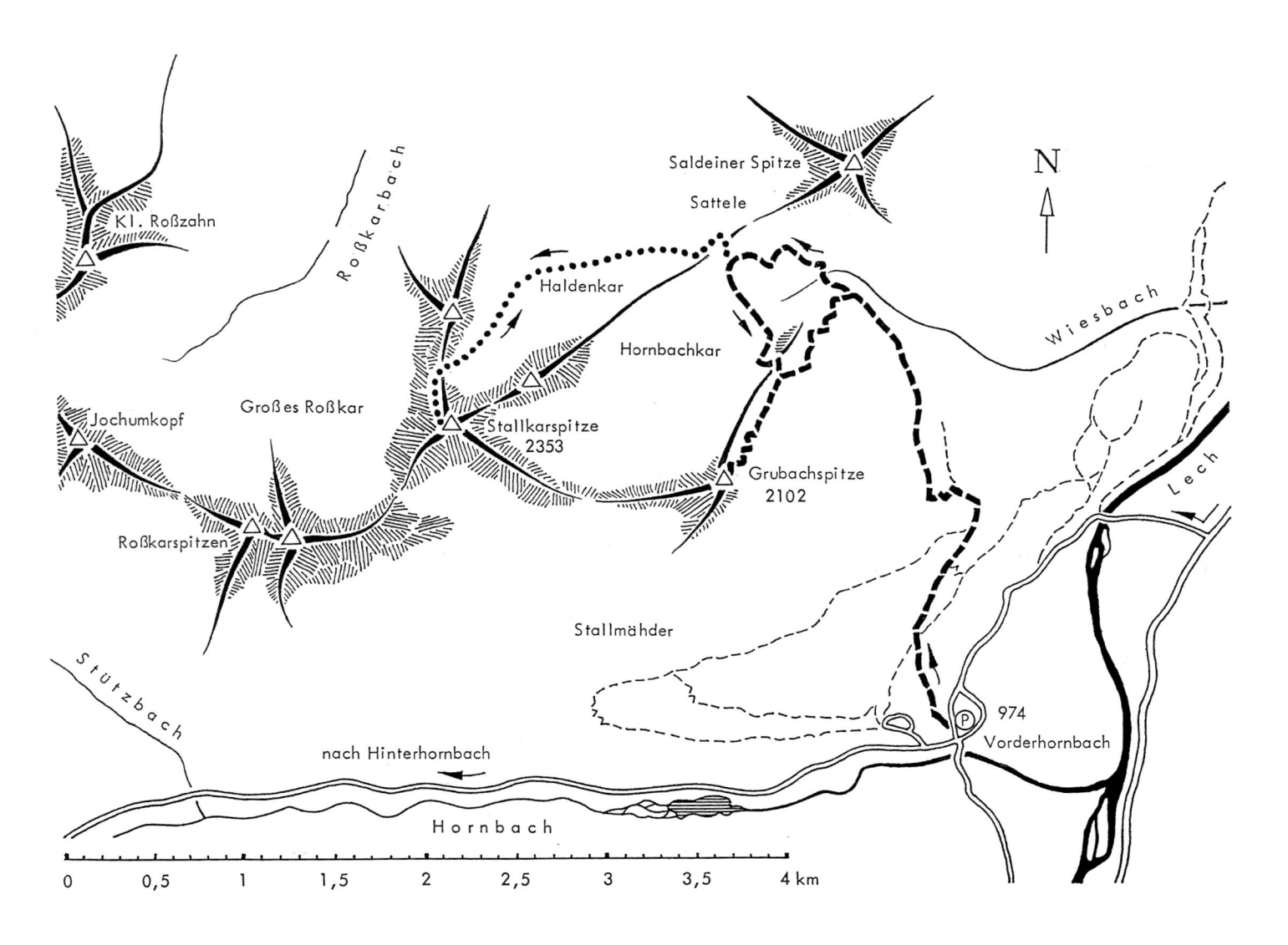

Ihr alpiner Bedarf nun befriedigt sein, kehren Sie von dort auf dem Anstiegsweg nach Vorderhornbach zurück. Sehr lohnend ist es jedoch, auch der Grubachspitze noch einen Besuch abzustatten, was allerdings zusätzliche rund 350 Höhenmeter und 1½ Stunden Mehraufwand bedeutet. Sehr hübsch ist der Übergang zum Nordostrücken besonders zur Blütezeit der Alpenrosen im Juli und Anfang August. Auf dem Rücken geht es auf gut markiertem Steig, das letzte Stück steiler, aber ohne Schwierigkeit, zum aussichtsreichen Gipfel mit großem Kreuz. Von hier steigen wir in zwei Stunden nach Vorderhornbach ab.

Stallkarspitze und Grubachspitze

Tourendaten

Ausgangsort:	Vorderhornbach − 974 m	
Gipfel:	Stallkarspitze 2353 m − Grubachspitze 2102 m	
Steighöhe und Gehzeiten:	Gesamttour:	1870 m − 8½ bis 9½ Stunden
	Nur Stallkarspitze:	1520 m − 7 bis 8 Stunden
	Nur Grubachspitze:	1190 m − 5 bis 6 Stunden
Charakter:	Eine abwechslungsreiche Tour im Ostteil der einsamen Roßzahngruppe, die beim Übergang vom Hornbachkar ins Haldenkar gutes Orientierungsvermögen erfordert. Auf- und Abstieg am Nordrücken der Stallkarspitze sind leicht. Sie gibt einen ausgezeichneten Einblick ins Große Roßkar und seine Umrahmung als Vorbereitung für die Besteigung der Roßzähne und ist ein hervorragender Aussichtspunkt. Die Einbeziehung der aussichtsreichen Grubachspitze auf markierten Wegen macht keine Schwierigkeiten, verlangt aber wegen des zusätzlichen Höhenunterschieds gute Kondition. Die Besteigung der Grubachspitze ist auch für sich allein lohnend.	

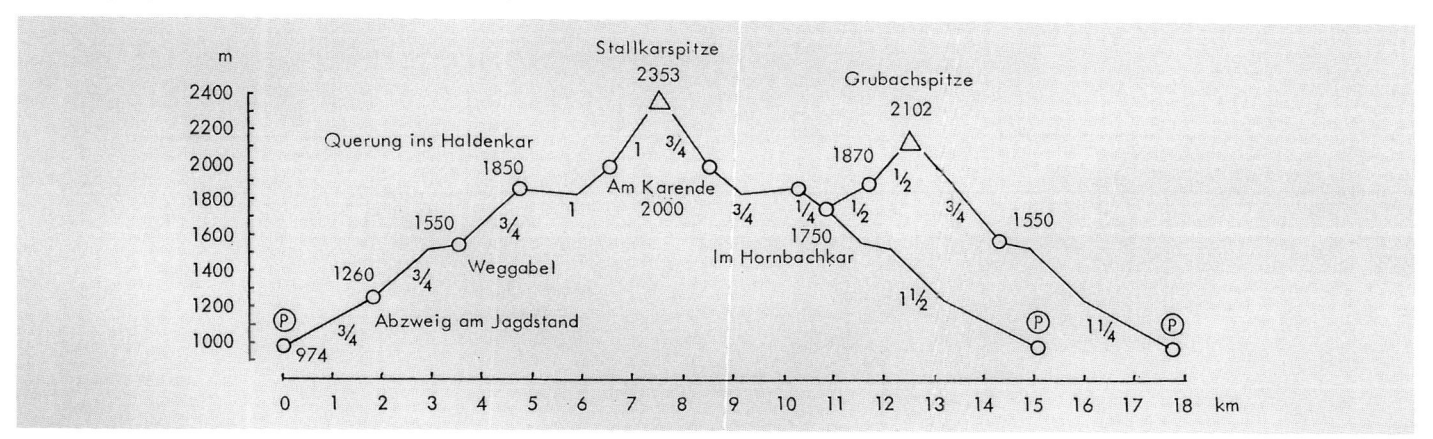

Tourenprofil mit Gehzeiten (Stunden)

㉒
Kleiner und Großer Roßzahn

Die Roßzähne bilden die westliche Begrenzung des Großen Roßkars. Sie sind aus dem Kar verhältnismäßig leicht erreichbar. Etwas schwieriger ist der direkte Übergang vom Kleinen zum Großen Roßzahn (eine Stelle II), der kurze Kletterei bietet und sicheren Tritt verlangt, aber interessanter und weniger mühsam ist als der Aufstieg zum Großen Roßzahn aus dem Kar.
Der wohl günstigste Ausgangspunkt für das Große Roßkar ist die Lechbrücke zwischen Stanzach und Vorderhornbach. Hier befindet sich am rechten Lechufer, also noch vor der Brücke, eine große zum Parken gut geeignete feste Kiesfläche. Hinter der Brücke zweigt von der Straße ein für den allgemeinen Verkehr gesperrter Fahrweg ab, der im Lechtal weit ausholend nach Norden führt und später ins Schwarzwassertal einschwenkt. Nach etwa 2¼ Stunden (8,5 km) erreicht man gleich hinter der Brücke über den Schnattererbach eine Abzweigung auf dem sogenannten Mösleboden. Wir folgen dem linken Weg ein knappe halbe Stunde bis zu einem winzigen See, an dem der breite Weg eine deutliche Linkswendung macht. Hier beginnt noch vor dem See ein Steiglein, das zunächst durch Wald, dann über Geröll und durch Latschen, immer am streckenweise versickerten Roßkarbach entlang in das Große Roßkar leitet. Es ist eine neue, ganz abgeschiedene Welt, die sich hier vor uns auftut. Das überraschend weite wellige Kar ist von schroffen Gipfeln umgeben, die so einsam wie das Kar sind. Vom Ende des Steigs oberhalb der Latschen geht man am besten nach rechts zum Roßkarbach und folgt ihm bis zur Quelle, aus der klares gutes Wasser sprudelt. In ihrer Umgebung gibt es geeignete Stellen für unser Biwak. Die Quelle liegt auf dem am Gipfel der Stallkarspitze aufgenommenen Foto etwas unterhalb der Bildmitte am Ende des deutlich erkennbaren Grabens.
Vom Biwakplatz steigen wir in einer der Geländeform angepaßten weiten Kehre, die auf dem Foto gut zu erkennen ist, im Bereich von Schafwechseln auf Grastritten zum begrünten Ostrücken des Kleinen Roßzahn empor und folgen dem mäßig steilen Rücken, im oberen Teil über Geröll und Schrofen zum höchsten Punkt. Von hier haben wir einen schönen und instruktiven Ausblick auf die gesamte Roßkarumrahmung. Der Abstieg zur Scharte zwischen den beiden Roßzähnen vollzieht sich zunächst unmittelbar auf dem fast waagerechten Gipfelkamm bis zu einem kleinen Felsriegel. Hier steigen wir nach rechts so weit ab, bis wir ein Stück unterhalb der Grathöhe zu einem Geröllkessel gelangen, der in die Gratfelsen eingelagert ist. Er geht in ein terrassenförmiges, schrofendurchsetztes Band über, das den weiteren Abstieg vermittelt. Dieser Teil der Route ist auf dem Bild gut zu erkennen. Es folgt die Schlüsselstelle, eine schmale, sehr ausgesetzte, aber gutgestufte Rampe, die parallel zum Grat verläuft und in eine kurze, nach rechts hinabziehende Geröllrinne mündet. Hier haben wir die Schwierigkeiten hinter uns. Über den sanften Rücken geht es zur Scharte (2232 m) hinunter.

Am Gipfelkamm des Kleinen Roßzahn, Blick auf Klupperkarkopf, Großen Roßzahn und Hochvogel

Der Aufstieg zum Großen Roßzahn ist leicht. Die Route ist auf dem oberhalb der Rampe aufgenommenen Foto gut zu verfolgen. Sie führt über Gras und kleine schrofige Stufen des Nordostrückens an den turmartigen Gipfelaufbau heran und umgeht den steilen Aufschwung links auf breitem Grasband bis zu einer den Gipfel spaltenden Rinne. Hier gelangen wir auf Gras- und Erdtritten, zum Schluß über kurze Stufen rasch zum höchsten Punkt. Das Ganze dauert von der Scharte 20 Minuten, für den gesamten Übergang vom Kleinen Roßzahn muß man mit 1¼ Stunden rechnen.

*Abstieg auf den Schrofenterrassen
des Kleinen Roßzahn*

Kleiner und Großer Roßzahn

Der Große Roßzahn bietet als höchster Gipfel der Gruppe eine umfassende Aussicht. Dominierend steht im Südwesten der markante Hochvogel, an den sich rechts die Fuchskarspitze mit ihrem zerklüfteten Nordgrat und der Kesselkopf anschließen. Wir schauen steil hinab ins enge Klupperkar auf der Westseite und auf die ausgedehnte Hochfläche des Großen Roßkars mit der nur einige Meter niedrigeren Stallkarspitze im Osten. Eine glückliche einsame Gipfelstunde hoch über Tälern und Karen. Auf der Anstiegsroute steigen wir zur Scharte zwischen den Roßzähnen ab und von dort über Geröll und Gras ohne Schwierigkeit zu unserem Biwakplatz.

Der Ostgratrücken des Großen Roßzahn, über den die Aufstiegsroute führt

Man kann vom Großen Roßkar aus zwar mühsam, aber unschwierig auch die Scharte (2288 m) zwischen Großem Roßzahn und Klupperkarkopf erreichen und von hier den Klupperkarkopf besteigen, ebenso die Scharte (2105 m) zwischen Jochumkopf und Roßkarspitze als Ausgangspunkt für die Besteigung der westlichen Spitze über deren geröllingen, schrofendurchsetzten Nordwestrücken. Dem Tatendrang sind keine Grenzen gesetzt, wenn Sie ihren Aufenthalt im Großen Roßkar voll auskosten wollen.

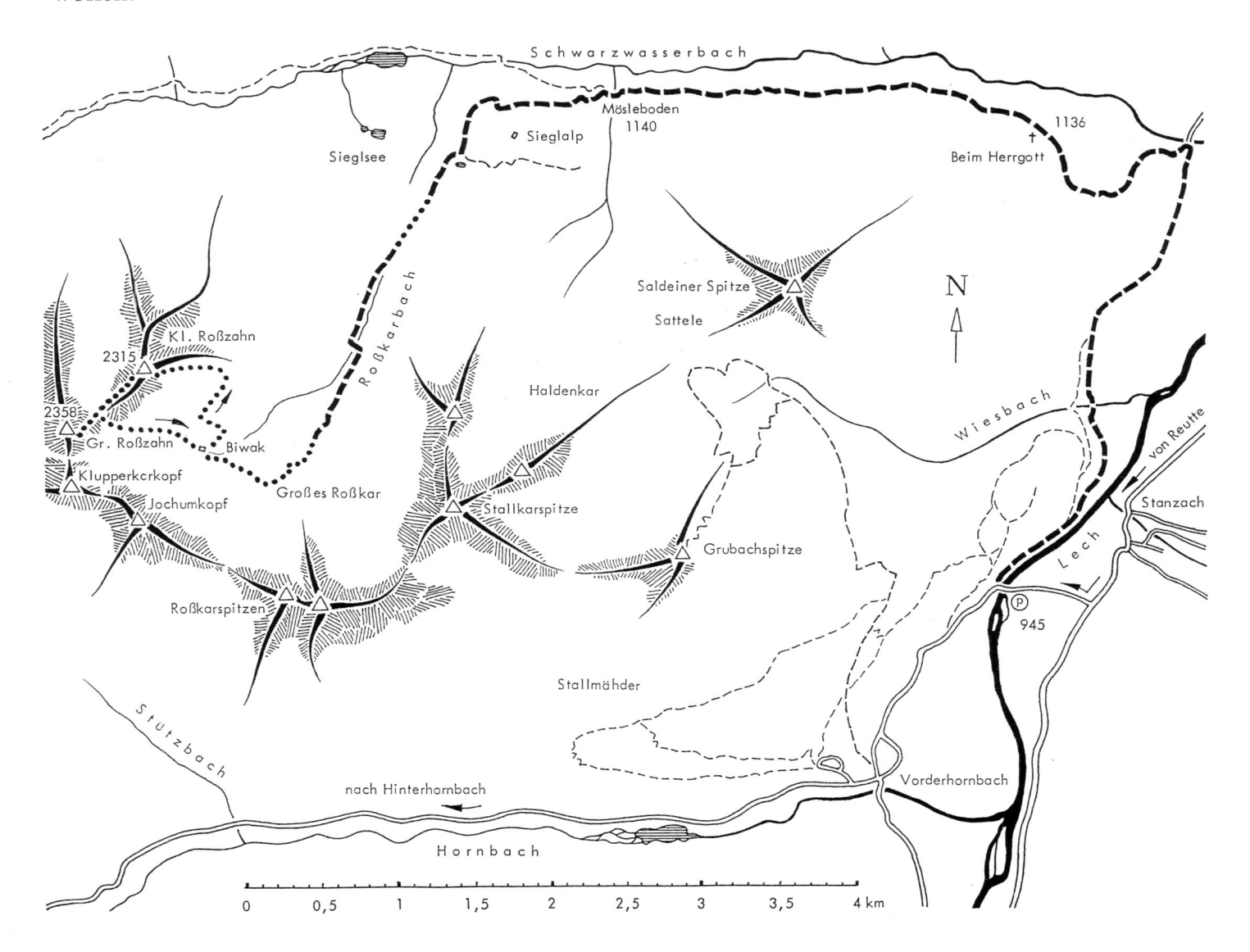

Kleiner und Großer Roßzahn

Tourendaten

Ausgangsort:	Lechbrücke bei Vorderhornbach – 945 m
Stützpunkt:	Biwak im Großen Roßkar – 1900 m
Gipfel:	Kleiner Roßzahn 2315 m – Großer Roßzahn 2358 m
Steighöhen und Gehzeiten:	Aufstieg zur Roßkarbachquelle (Biwak): 970 m – 4½ bis 5 Stunden
	Vom Biwakplatz über die Roßzähne zum Biwakplatz: 540 m – 3 bis 3½ Stunden
	Abstieg vom Biwakplatz nach Vorderhornbach: 3½ bis 4 Stunden
Charakter:	Eine einmalig schöne und einsame Tour für den, der sich nicht scheut, die Übernachtungsausrüstung (Leichtzelt und Schlafsack) in langem mühsamen Aufstieg ins Große Roßkar zu tragen. Diese Tour mit Besteigung der Roßzähne (Übergang zwischen den Zähnen eine Stelle II) wird ein bleibendes Bergerlebnis sein.

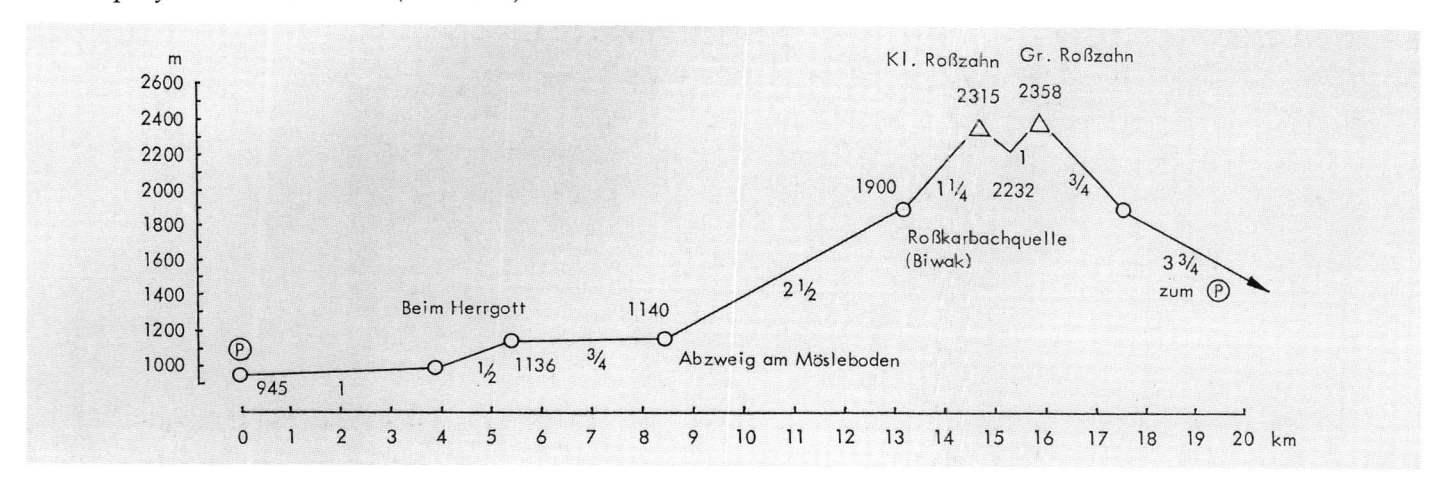

Tourenprofil mit Gehzeiten (Stunden)

Baader Bergumrahmung

Zum Schluß noch etwas ganz anderes, eine Bergtour von großer landschaftlicher Schönheit, bei der nicht nur der geübte Grasgeher, sondern auch der botanisch Interessierte voll auf ihre Kosten kommen: Der südliche Teil der „Baader Bergumrahmung" vom Hochalppaß über Höferspitze, Weißen Schrofen und Heiterberg zum Üntschenpaß (Üntschele). Höferspitze und Heiterberg sind typische Allgäuer Grasberge mit steilen Flanken und scharfen, ausgesetzten Graten, deren Überschreitung von der Höferspitze ab einen geübten schwindelfreien Geher erfordert. Darüber hinaus bietet der kecke Weiße Schrofen aus hellem Dolomitkalk im Gratverlauf zwischen Höferspitze und Heiterberg eine hübsche mäßig schwierige (II) kurze Kletterei, so daß die Tour an Vielseitigkeit und Abwechslung nichts zu wünschen übrig läßt. Besonders schön ist die Tour zur Blütezeit, doch hat sie auch im Herbst ihre Reize.

Die schneidigste Erhebung in der Baader Bergumrahmung: der Weiße Schrofen

㉓
Höferspitze, Weißer Schrofen und Heiterberg

Ausgangspunkt ist Baad, der letzte Ort im Kleinwalsertal mit Anfahrt über Oberstdorf–Riezlern. Hier stehen am Ortsanfang reichlich Parkplätze zur Verfügung. Wir folgen dem Schild „Bärgunthütte", überschreiten die Breitach auf breiter Brücke und wandern im hübschen romantischen Tal des Bärguntbachs unter dem mächtig aufragenden Widderstein zur Linken an der Bärgunthütte vorbei talein. Am Talschluß macht der markierte Weg eine scharfe Linkswendung. Gleich darauf, an der verfallenen Alten Hochalphütte, zweigt ein schmaler Pfad ab – links aufwärts geht es zum Widderstein –, der wenig ansteigend zum Hochalppaß und dann zum Ostrücken der Höferspitze und nach Hochkrumbach führt. Es ist zweckmäßig, den Pfad am Hochalppaß zu verlassen und weglos nach rechts auf guten Grastritten am mäßig steilen Hang zum Ostrücken der Höferspitze emporzusteigen. Von hier geht es über einige Grasbuckel auf dem ungemein blumenreichen, weiter oben sich zuschärfenden Kamm auf schmalem, aber deutlichem Pfad zu unserem ersten Gipfelziel. Eine hervorragende Aussicht erwartet uns auf der Höferspitze. Dominierend steht im Nordosten der Widderstein, daneben erscheinen im Hintergrund die markantesten Gipfel des Allgäuer Hauptkammes von der Trettachspitze bis zum Biberkopf, während im Westen die dem Lechquellengebirge zugehörige Hochkünzelspitze die auffallendste Berggestalt ist. Im Süden schauen wir hinab auf Schröcken und die vielfach gewundene Tannbergstraße. Lange möchte man dieses aussichtsreiche luftige Plätzchen genießen.
An der Höferspitze macht der Kamm einen Knick nach Nordwesten. Der schärfer sich zusammenschnürende Grat leitet mit deutlicher Pfadspur über einige Erhebungen hinweg zu einem Sattel, über dem der felsige Gipfelaufbau des Weißen Schrofen aufragt. Umgehen läßt er sich in den steilen Flanken nicht, wir müssen ihn überklettern. Dazu steigen wir auf schmalem Grasrücken an die Felsen der Gipfelkrone heran; sie ist durch einige Graszungen gegliedert und so von dieser Seite leicht zu ersteigen. Das unterste Felsgratl wird auf Grastritten etwas ansteigend links umgangen und dann nach rechts zu einem kleinen grasigen Absatz aufgestiegen. Es folgt eine mäßig steile wenige Meter lange plattige Rampe mit kleinen, aber ausreichenden Tritten, die zur Grathöhe leitet. Jenseits steigt man auf ein schrofiges Band ab, das den Felsgrat rechts umgehend zur Kammhöhe führt. Über Grasschrofen gelangt man ohne Schwierigkeit zum höchsten Punkt. Statt dieser Anstiegsroute kann man den felsigen Aufschwung auch im Gras einige Meter absteigend und dann in einer steilen Graszunge nach rechts zur Kammhöhe emporkletternd umgehen. Hübscher und vor allem sicherer ist der Aufstieg am Grat.

Nach der anderen Seite entsendet der Weiße Schrofen einen steilen, aber gutgestuften Grat und schmale, durch Felsrippen getrennte Grasrinnen, wie es auf dem Bild gut zu erkennen ist. Auf Grastritten steigen wir zum oberen Ansatz des Grats ab. Dann geht es in hübscher mäßig schwieriger Kletterei (II) an guten festen Griffen und Tritten am Grat so weit hinab, bis man nach links auf das Gras unterhalb der Felsrippen queren kann. Der letzte kleine Abbruch an der Scharte wird rechts umgangen. Statt am Grat abzusteigen kann man auch die daneben hinabziehende steile Grasrinne benützen, doch ist der gutgriffige Grat vorzuziehen.

Über der Scharte wirft der Grat zum Heiterberg, unserem nächsten Gipfelziel, einen Felskopf auf, der in einer schmalen Rinne rechts umgangen wird. Wir erreichen die Kammhöhe, die nun über einen schrofigen Buckel und einige grasige Erhebungen, stellenweise ausgesetzt, mit geringen Ausweichen in die Flanken auf meist deutlicher Pfadspur zum Gipfel des Heiterbergs leitet. Auch von diesem höchsten Punkt unserer Tour bietet der Widderstein einen imposanten Anblick, und die Rückschau auf den hellen spitzen Kalkkegel des Weißen Schrofen und die scharfen Verbindungsgrate gibt uns ein Gefühl der Genugtuung über eine schöne erfolgreiche Grattour.

Der Übergang zum genau nördlich aufragenden Älpeleskopf ist wegen einer äußerst schroffen brüchigen Gratstufe schwierig und heikel, ebenso die Umgehung in der steilen Mergelflanke rechts davon. Die einzige verhältnismäßig leichte Abstiegsmöglichkeit bildet der obere Teil des Südwestrückens und ein nach Nordwesten abzweigender Seitenast mit anschließender Querung der mäßig steilen Westhänge von Heiterberg und Älpeleskopf hinüber zum Üntschele. Am Südwestrücken ist unweit des Heiterberggipfels eine sehr schmale schiefrige Gratstelle zu überschreiten, die Konzentration und Vorsicht erfordert. Die ersten Meter umgeht man am besten links, um dann gleich zur Gratkante zurückzuqueren. Man folgt dann dem Rücken zu dem erwähnten Seitenast. Auf ihm geht es bequem hinab zu einem Zaun und daran so weit entlang, bis man nach rechts auf Grasbändern und über eine Mergelhalde ohne Schwierigkeit zu den wenig geneigten dichtbewachsenen gerölldurchsetzten Hängen der Heiterbergwestflanke absteigen kann. Die folgende Querung zu einem schwach ausgeprägten Rücken und weiter durch ein Blockfeld und über Gras zum Üntschele ist etwas mühsam. Das letzte Stück ist durch einen Pfad erleichtert, der zum Grashang unterhalb des Passes hinüberleitet. Für den Übergang vom Heiterberg zum Üntschenpaß muß man mit 1¾ Stunden rechnen.

Vom Paß steigen wir auf schmalem Weg an der Stierlochalpe vorbei ins Bärgunttal ab und wandern dort nach Baad zurück.

Wenn Sie am Üntschele noch Zeit und Kondition haben, können Sie der Baader Bergumrahmung ein Stück weiter nach Norden folgen und die Hintere Üntschenspitze in die Tour einbeziehen. Dazu steigen wir auf deutlicher Pfadspur, im oberen Teil ziemlich steil, zum östlichen Vorkopf empor und von dort auf dem nur noch wenig geneigten aber schmalen Grasgrat über eine kurze plattige Stelle zum Gipfel. Eine weitere Überschreitung des sehr reizvollen Kammes, die in meinem Buch „Bergtouren

Höferspitze, Weißer Schrofen und Heiterberg

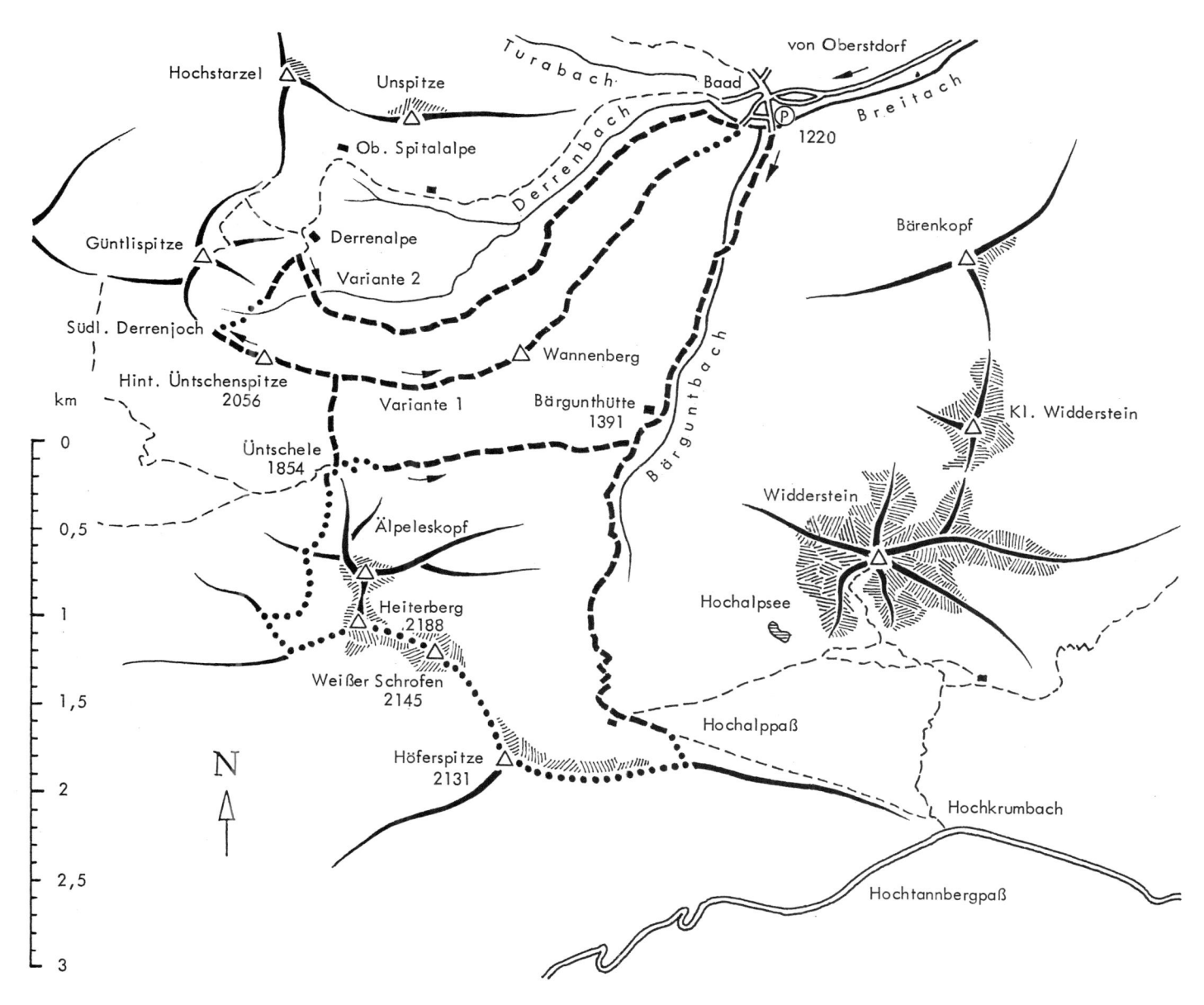

mit Pfiff" ausführlich beschrieben ist, wird dann aber wohl an Zeitknappheit scheitern.
Am schönsten ist der Abstieg von der Hinteren Üntschenspitze über den Wannenberg (Variante 1). Man geht zum östlichen Vorkopf zurück und folgt dann auf deutlichen Tritten dem oben steilen, allmählich verflachenden Ostrücken zur langgestreckten, botanisch reichen Erhebung des Wannen-

Auf dem Weißen Schrofen mit Blick auf den Widderstein

bergs. Am Wannenbergrücken hält man sich immer auf dem kleinen Pfad, der durch Erlengebüsch, später durch Wald mit Ausweichen nach rechts auf die Wiese nach Baad zurückleitet. Dies ist wesentlich schöner als der direkte Abstiegsweg vom Üntschele.

Eine weitere Möglichkeit ist die Überschreitung der Hinteren Üntschenspitze zum Südlichen Derrenjoch (Variante 2). Vom Joch steigt man weglos auf Grastritten, den auffallenden Grasbuckel rechts umgehend, zu dem vom Joch aus sichtbaren seichten Graben ab, der nach links überschritten wird, wie es in der Karte dargestellt ist. Man trifft kurz danach auf einen deutlichen Pfad, der nach wenigen

Höferspitze, Weißer Schrofen und Heiterberg

Minuten auf den markierten Weg an der Derrenalpe stößt. Er führt in weitem Bogen an den Hängen des Wannenbergs zum Ausgangspunkt zurück. Ebenso kann man an der Derrenalpe vorbei zur Oberen Spitalalpe gehen und von dort auf gutem Weg in etwa der gleichen Zeit nach Baad zurückwandern.

Tourendaten

Ausgangsort:	Baad (Kleinwalsertal) – 1220 m	
Gipfel:	Höferspitze 2131 m – Weißer Schrofen 2145 m – Heiterberg 2188 m – (Hintere Üntschenspitze 2056 m)	
Steighöhen und Gehzeiten:	Grattour mit Abstieg über Bärgunthütte:	1180 m – 6¾ bis 7¼ Stunden
	mit Hinterer Üntschenspitze und Abstieg über Wannenberg (Variante 1):	1410 m – 7½ bis 8 Stunden
	über Derrenalpe (Variante 2):	1380 m – 7¾ bis 8¼ Stunden
Charakter:	Eine botanisch und landschaftlich äußerst interessante und reizvolle Überschreitung typischer Allgäuer Grasberge, die auf den schmalen Graten sicheren Tritt und Schwindelfreiheit, am Weißen Schrofen zudem etwas Kletterfertigkeit (II) und beim Übergang vom Heiterberg zum Üntschenpaß einen Sinn für die günstigste Ausnützung der Geländestruktur verlangt. Am schönsten ist der Rückweg über die Hintere Üntschenspitze mit Abstieg über den Wannenberg (Variante 1).	

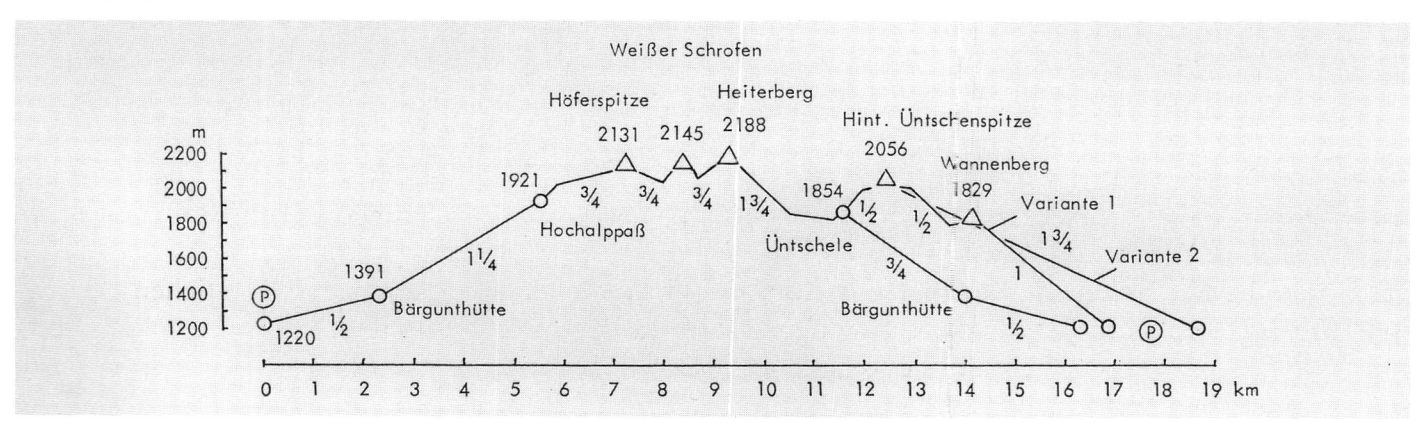

Tourenprofil mit Gehzeiten (Stunden)

Günther Laudahn

Bergtouren mit Pfiff
30 nicht alltägliche Tagesrundtouren mit 125 Gipfeln

Dieses außergewöhnliche Bergbuch mit seinen exakten Routenbeschreibungen und zahlreichen Farbfotos weist dem Bergfreund selten begangene Wege in herrliche Gipfellandschaften. Der Autor, ein ausgezeichneter Kenner der hier erfaßten Gebirgsgruppen Allgäuer Alpen, Ammergauer Alpen, Lechtaler Alpen und Estergebirge, hat sämtliche Touren mit allen Varianten mehrfach selbst begangen. Alle Routenbeschreibungen sind durch maßstabgetreue Karten und Tourenprofile mit Steighöhen und Gehzeiten ergänzt, die eine genaue Planung jeder Tour ermöglichen. Ein wesentlicher Gesichtspunkt für die Auswahl der 30 Tagesrundtouren war die gute Erreichbarkeit der Ausgangsorte aus dem gesamten schwäbischen und Münchner Raum. Ebenso wichtig war es dem Autor, weniger bekannte Touren vorzustellen, die dem naturliebenden Bergfreund auf nicht so häufig begangenen Pfaden ein besonderes Bergerlebnis bieten, eben ein Bergerlebnis mit Pfiff. Sämtliche Tourenbeschreibungen sind auf dem neuesten Stand. 176 Seiten, 61 farbige Abbildungen.

Erhältlich bei Ihrem Buchhändler

DM 46.-

Preis: Stand Juli 1991

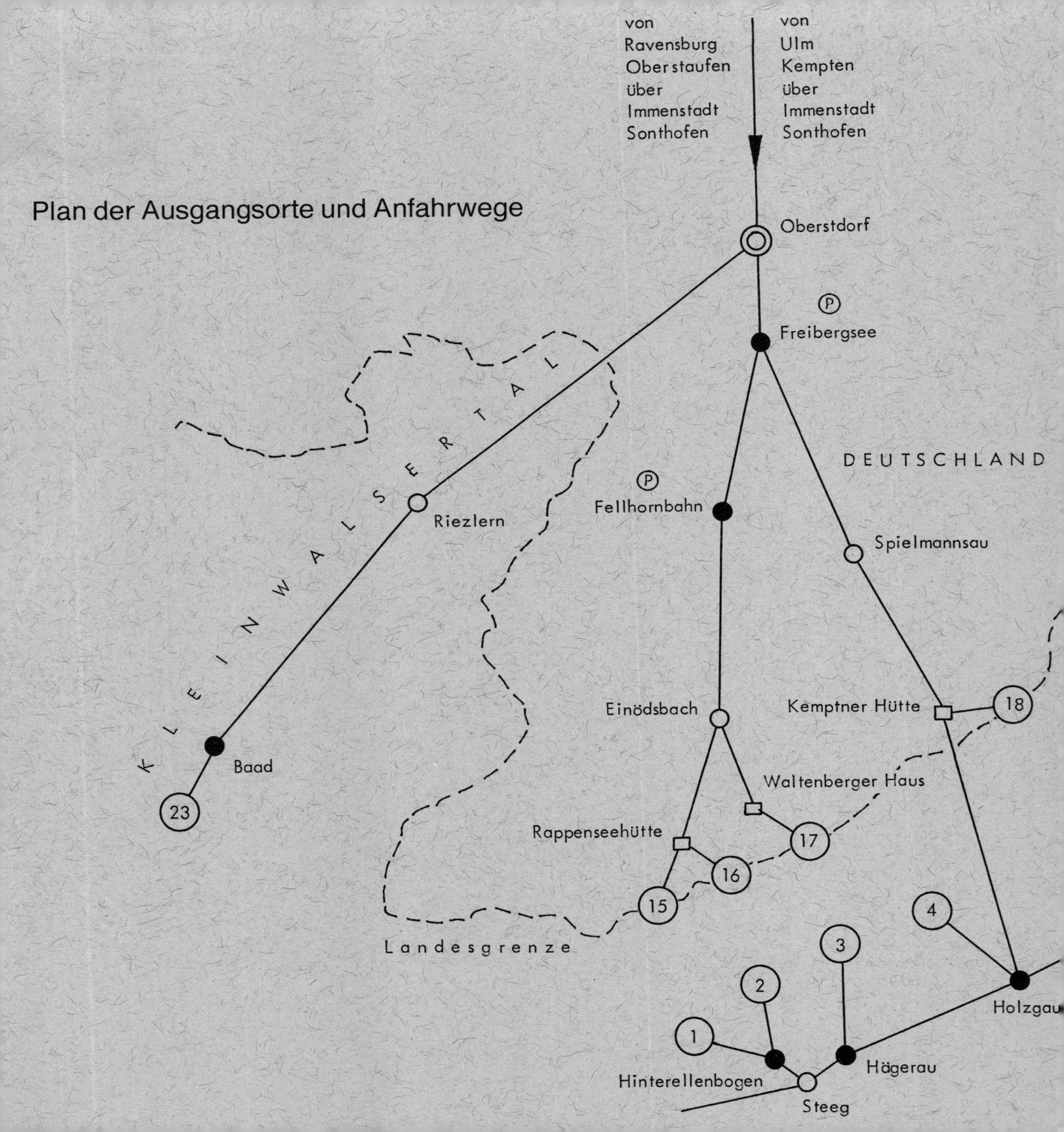

Plan der Ausgangsorte und Anfahrwege